# LA FRANCE

ET

# LA PRUSSE

## DEVANT L'HISTOIRE.

## ESSAI

SUR LES

## CAUSES DE LA GUERRE.

DEUXIÈME ÉDITION

VERSAILLES
BERNARD, 9, rue Satory.

LE HAVRE
POINSIGNON, 10, place de l'Hôtel-de-Ville.

ROUEN
LEBRUMENT, 11, rue Jeanne-d'Arc.

BRUXELLES
A.-N. LEBÈGUE, 46, rue de la Madeleine.

COPENHAGUE
A.-F. HŒST, 49, Gothersgade.

1871.

# LA FRANCE

ET

# LA PRUSSE

## DEVANT L'HISTOIRE

> « Le véritable auteur de la guerre n'est pas celui qui la déclare, mais celui qui la rend nécessaire. »
>
> MONTESQUIEU.

**DEUXIÈME ÉDITION**

CORRIGÉE ET AUGMENTÉE

LE HAVRE

IMPRIMERIE A. LEMALE AINÉ

QUAI D'ORLÉANS, 9

1871.

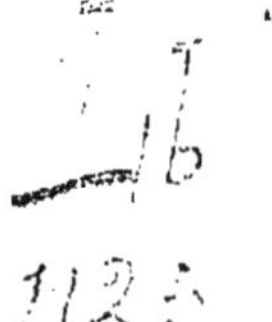

Il y a une cause qui malheureusement a été encore plus mal défendue pendant la guerre actuelle que l'intégrité du territoire français, c'est la cause même de l'honneur, je me trompe, de l'honnêteté française. Si graves qu'aient pu être en effet les torts du gouvernement impérial en prenant l'initiative des hostilités contre la Prusse, au moment même où le roi Guillaume venait, malgré une sorte de déclaration de guerre anticipée et en dehors des usages diplomatiques, de donner à peu près satisfaction aux inquiétudes de la France, il n'en est pas moins vrai que la responsabilité morale de la lutte odieuse et presque sans exemple dans l'histoire qui a ensanglanté le sol français ne saurait retomber sur la France seule. Assurément nous avons contre nous, c'est là notre grande infortune, l'apparence et même toute l'apparence des faits. De regrettables documents officiels signés par M. Jules Favre et ses secrétaires, des lettres même de M. Guizot, le véritable auteur de tous les maux intérieurs et antérieurs de la France, sembleraient faire du ministère Ollivier-Gramont le seul et unique coupable. Il est on ne peut plus fâcheux que des personnages aussi considérables aient été jusqu'à confesser, presque au nom de la France, un crime aussi imaginaire envers la Prusse. Notre pays peut et doit garder une meilleure opinion de sa propre cause. Un fait est certain : si la nation allemande eût toujours observé vis-à-vis de la nation française les règles les plus élémentaires de la loyauté et de la politesse internationale, malgré les misérables idées de guerre et de conquêtes subitement démasquées par le ministère impérial, la conflagration eût été impossible. C'est cette vérité que nous voudrions démontrer, brièvement et clairement.

Notre prétention n'est pas d'apporter des faits nouveaux dans un débat qui aurait dû être engagé depuis longtemps, mais bien seulement d'en suggérer l'idée en en démontrant l'urgence. Au mois de juillet dernier, il a été beaucoup trop question dans la presse française de la pointe des casques prussiens, et pas assez des origines diplomatiques de la guerre : comme trop souvent hélas ! chez nous, la folle du logis en avait chassé la maîtresse. Il importe aujourd'hui, s'il n'est pas déjà trop tard, que la France proteste avec la dernière énergie contre l'injuste réputation de jalousie et d'incurable ambition que M. de Bismarck cherche à lui faire auprès des générations futures. Non, cent fois non, la France, depuis cinquante ans, n'a jamais joué en Europe le rôle de puissance perturbatrice. Il ne faut pas permettre qu'un ministre qui devrait mieux se rappeler, puisqu'il se pique d'ironie, la maxime socratique : *Connais toi toi-même,* répande triomphalement par le monde ce double outrage à la vérité et à notre patriotisme. A défaut de l'attrait qui s'attache d'ordinaire aux révélations de chancellerie, puisse-t-on dans ces quelques pages sentir l'accent d'une impartialité réfléchie et d'une indépendance d'esprit absolue !

# I.

Les désastres de 1814 et de 1815 avaient fait subir à l'orgueil militaire de la France une cruelle expiation : il n'en est pas moins incontestable que la France avait accepté sans rancune sérieuse et avec la plus honorable résignation la rude leçon que lui avait attirée cette insatiable ambition de Napoléon dont elle se trouvait deux fois la victime. Il y eut, je l'avoue, pendant les premières années de la Restauration, une sourde colère contre la coalition européenne, qui, cependant, sauf Landau et Sarrelouis, sauf aussi la Louisiane, définitivement sacrifiée en 1803, nous avait à peu près restitué tout le territoire de notre ancienne monarchie : mais il n'était que trop naturel d'accorder aux vétérans de la grande Armée, mis à la demi-solde, un certain répit pour maudire leurs vainqueurs. Si la nation conserva, comme c'était son droit, un fort mauvais souvenir du passage des Cosaques et des Prussiens et de leur émulation de barbarie, elle se résigna sans arrière pensée à reprendre dans le concert européen le rôle, assez réduit, que les catastrophes finales de Louis XIV et de Napoléon lui avaient légué. Il put bien y avoir çà et là quelques regrets causés par la perte irrémédiable de cette vallée du Rhin qui avait comme reçu un baptême de sang français sous la République et était devenue le berceau même de notre liberté. On ne peut cependant pas dire qu'il ait jamais existé, même alors, de doctrine sérieuse à cet égard. Tout au plus conservait-on, dans le monde politique, un souvenir attristé des conditions de paix offertes à Napoléon après la bataille de Leipzig et qui nous laissaient encore la rive gauche du Rhin. Incontestablement toutes les considérations philologiques étaient contre nous, de même que les sympathies des populations. Néanmoins il était encore permis de s'y tromper à cette époque où les principicules germaniques échangeaient des territoires habitables et habités de la même manière qu'on échange des marchandises, et, si c'était une illusion fâcheuse de se représenter la ligne du Rhin comme indispensable à notre sécurité nationale, ce n'en était peut-être pas encore une d'espérer qu'un jour pourrait venir où les catholiques de Cologne et de Mayence accepteraient tout aussi volontiers la vie commune avec nous que l'avaient fait les paysans alsaciens. Ce rêve, qui dura peu d'ailleurs, était-il coupable, et les conquérants de la Silésie, destructeurs de la Pologne, avaient-ils le droit de s'en plaindre ? Je ne sais, mais ce que je puis affirmer, c'est qu'il y eut au moins une renonciation absolue et définitive de la part de la France à toutes les autres provinces qu'elle avait perdues, même à celles où se trouvaient les véritables clefs du pays, telles que la Savoie et la Navarre. Pourtant la Savoie s'étendait en deçà des Alpes et les habitants ne parlaient que français. La haute Navarre, elle, était bien au delà des Pyrénées, mais, comme le Slesvig-Holstein, elle n'avait pendant des siècles formé qu'un tout avec le comté de Béarn, patrie du plus populaire de nos rois. La Suisse romande, le pays wallon en Belgique, malgré l'affinité de race et de langage, ne donnèrent jamais lieu non plus à la moindre récrimination diplomatique, à la moindre velléité de polémique. Et cependant notre Rousseau était de Genève, Voltaire avait passé la meilleure partie de sa vie peut-être dans ce beau pays du Léman, d'où n'a jamais cessé de nous venir je ne sais quel souffle alpestre plus pur et plus sain mille fois que l'atmosphère équivoque de nos grandes villes ! Et cependant dans le royaume nouveau des Pays-Bas se trouvaient compris la plupart de ces champs de bataille illustres où le grand Condé avait enfin brisé le joug de la monarchie de Charles-Quint, où nos jeunes armées républicaines avaient plus tard repoussé les bandes mercenaires et coalisées du despotisme européen ! Il en fut de même de Jersey et de Guernesey, cette continuation du sol normand en plein océan, d'où une longue domination anglaise n'a pas encore déraciné le vieux patois des côtes voisines. Le Canada, la Louisiane, ce grand empire des Indes que Dupleix avait failli arracher à la puissance britannique, excitèrent tout au plus quelques secrètes et stériles doléances chez un petit nombre d'historiens capables d'apprécier toutes les grandeurs de notre ancienne monarchie. Et pourtant, au Canada, on parle encore notre langue classique ; il y a plus : notre droit coutumier, nos monnaies même du règne de Louis XIII n'y ont rien perdu de leur valeur. Mais combien hélas ! y a-t-il à présent de Français qui se ressouviennent parfois de cette splendeur passée et de tant d'espérances déçues? Combien surtout qui aperçoivent à l'horizon de leurs rêveries patriotiques l'image du drapeau tricolore flottant de nouveau sur les murs de Québec ou de Montréal?

Néanmoins, on ne saurait le nier, la France, depuis la journée néfaste de Waterloo, a tiré plus d'une fois son épée du fourreau, et c'est sans doute à ces expéditions, dont une ou deux tout au plus mériteraient le nom de guerre, que font allusion les publicistes prussiens, quand ils maudissent, en pontifes désolés de la paix, notre turbulence incorrigible et représentent notre pays comme le foyer toujours allumé des conflagrations européennes. Il y a cependant une circonstance singulièrement atténuante qu'il conviendrait de ne pas oublier avant de lancer une accusation semblable, c'est que presque toutes ces promenades militaires, sinon toutes, ont été entreprises, sans aucun profit possible pour la France, le plus souvent même avec la certitude de sacrifices considérables, soit pour rétablir l'ordre compromis quelque part, soit pour fonder ou défendre une nationalité malheureuse. Oui, les trop nombreux gouvernements qui se sont succédé chez nous depuis la Restauration jusqu'au second Empire ont fait quelquefois la police sur le continent, et, recueillant comme un héritage sacré la tradition qui avait envoyé La Fayette au secours de la jeune Amérique, se sont volontiers chargés dans notre vieux monde de la cause des faibles contre les puissants. Désintéressement et dévouement, générosité et fraternité, telle a été la constante devise de la politique française à l'extérieur pendant ce dernier demi-siècle. En Espagne autrefois, comme naguère à Rome, nous n'avons fait que couvrir ou relever, dans l'intérêt et au nom même de l'Europe conservatrice et catholique, deux trônes dont l'un allait être renversé et dont l'autre l'était déjà par un triumvirat insurrectionnel (1). La seconde de ces deux exécutions militaires devait jeter l'Italie dans les bras de notre ennemie mortelle : la première nous avait coûté plus de deux cents millions, sans autre avantage ou compensation que la satisfaction personnelle du duc d'Angoulême. En Belgique, en Grèce, en Crimée, en Lombardie, nous nous sommes faits les champions, non plus sans doute du droit des souverains, mais, ce qui vaut mieux, du droit des peuples, et jamais assurément ce vieux mot attribué à Shakespeare que la France est le soldat de Dieu n'a eu une plus frappante justesse. Mais qu'avons-nous retiré du siége d'Anvers ? Le devoir de refuser la couronne belge d'abord pour le duc de Nemours, puis pour le prince de Capoue, neveu de Louis-Philippe. Que nous a rapporté l'expédition de Morée ? L'obligation de garantir pour un tiers l'emprunt grec. Et que nous importait après tout, à nous autres qui sommes placés à l'extrême occident de l'Europe, le redoutable développement de la puissance la plus orientale de cette même Europe ? La

(1) La même réflexion s'applique à l'expédition d'Ancône, qui n'était d'ailleurs qu'une réponse et qu'un contrepoids à l'occupation autrichienne, c'est-à-dire germanique, de Bologne.

Méditerranée est presque autant une mer anglaise qu'un lac français, et c'était en vérité pousser bien loin le fanatisme du vieil équilibre européen que de faire à nos risques et périls la besogne de l'insouciante et égoïste Allemagne. Cette fois encore nous sommes sortis vainqueurs de la lutte, sans rien demander pour nous comme prix d'une victoire chèrement achetée.— Mais nous avons reçu plus tard la Savoie et Nice ! Voilà le crime, le crime inexpiable ! Il est vrai que nous avions fait la guerre comme de coutume, par pur enthousiasme pour l'unité d'autrui, sans le moindre souci d'un dédommagement dont la surprise devait être grande pour nous. Il est vrai que les populations savoisiennes et niçoises, loyalement consultées, avaient, de même que le chef de la maison de Savoie et les Chambres italiennes, comme prodigué leur consentement. Il est vrai que la Savoie, province misérable, parlant français de temps immémorial, n'avait d'importance que par sa position en deçà des Alpes, c'est-à-dire pour la France seule, et que le comté de Nice, accru des acquisitions consenties par le prince de Monaco, nous était indispensable pour rectifier notre frontière, formée ou plutôt figurée auparavant par un torrent à sec pendant dix mois de l'année. Peu importe! La Prusse pouvait, elle ! tout naturellement, acheter de ses deniers le territoire de Jahde au grand-duc d'Oldenburg, et à l'un des princes de Lippe la moitié de sa capitale. Elle avait également le droit d'imposer des conventions militaires, les plus onéreuses du monde, à ses faibles voisins et même un peu plus tard de dépouiller la monarchie danoise. Ces démembrements continus, par l'or ou par le fer, de petits États autonomes, de même que le projet de constituer une flotte militaire de premier ordre dans les ports allemands, tout cela ne regardait personne en Europe, tandis que l'adjonction de deux arrondissements limitrophes au nouveau département des Alpes maritimes et l'annexion de quelques solitudes alpestres auraient dû être considérées comme un attentat au droit public et à la paix générale.—Il y a même, je ne crains pas de le confesser, une autre guerre encore que la France eût voulu faire, et qu'elle eût faite, si elle l'eût pu à elle seule, j'entends cette guerre qui eût rétabli, peut-être avec bien peu de chances de durée, une Pologne en ce monde. Mais cette fois, à coup sûr, on ne pourra pas soupçonner, même à Berlin, les illusions de la France de n'avoir pas été absolument désintéressées, car le peuple polonais, que je sache, ne pouvait nous accorder aucune rémunération territoriale ou pécuniaire.

Ce n'est pas seulement en Europe que les Allemands, certains Allemands du moins, je citerai entre autres les francs-maçons de Bayreuth, nous accusent d'avoir troublé incessamment l'équilibre européen, c'est encore hors de l'Europe, dans toutes les autres parties du monde. Le reproche est assez étrange de la part d'un peuple qui s'est donné jusqu'à présent tant de mal pour posséder une flotte de guerre et des colonies, surtout quand ce peuple l'adresse à une nation qui n'a jamais tiré un coup de canon pour recouvrer d'anciennes possessions dues à l'aventureuse intrépidité de ses vieux navigateurs dieppois ou bretons. Il est certain que la France, respectant la lettre et l'esprit des traités par lesquels elle avait cédé ses colonies tant aux Indes orientales qu'aux Indes occidentales, a cherché à s'en créer ailleurs de nouvelles; mais ce qui n'est pas moins évident, c'est que ces nouveaux établissements, loin d'altérer à son profit la sage pondération des grandes puissances, n'étaient pour elle qu'une source d'affaiblissement militaire et financier. Loin de nous la pensée ambitieuse d'invoquer aussi pour justification ce fameux droit tiré de la supériorité de civilisation qui permet à l'Allemagne seule de déverser sur les cinq mondes à la fois le trop-plein de ses populations chargées du flambeau qui doit éclairer tout homme venant en ce monde. Nous avons trop le sentiment de notre propre barbarie, et surtout de la modestie, pour nous croire le moindre droit à aller porter en Algérie ou au Sénégal les leçons de l'Evangile : nous avons aussi trop d'humanité pour vouloir disputer à certains armateurs de Brême et de Hambourg le droit d'empoisonner la Chine d'opium, comme ils le font depuis 1865 environ, c'est-à-dire depuis que l'Angleterre a renoncé elle-même à cet honnête trafic. Nous ne rappellerons pas davantage le coup d'éventail qui avait forcé le gouvernement de la Restauration à cette conquête de l'Algérie si malheureuse en définitive pour nous, puisqu'elle a détourné peu à peu nos officiers généraux de l'étude de la grande guerre et des progrès de la tactique moderne. Nous nous contenterons de répéter que nos possessions africaines ont toujours absorbé dans les profondeurs de leurs sables une notable partie de notre armée active comme de notre budget, et de faire remarquer que les produits de Chemnitz et de Zwickau ont trouvé très-commode de se glisser jusqu'à Saïgon et problement jusqu'au Japon sous la protection inconsciente de notre pavillon de guerre. La statistique allemande elle-même constate la présence dans notre nouveau port cochinchinois d'un nombre de navires allemands supérieur au nombre de navires de commerce français. Au Corps Législatif, en ajoutant les allées et venues de notre marine militaire, les prestidigitateurs du gouvernement impérial arrivaient à la tribune à des chiffres plus brillants, il est vrai : mais des documents qui méritent toute confiance ne permettent aucune illusion. Une fois de plus en résumé, comme pendant notre guerre en Crimée, nous avons fait tous les frais et couru tous les risques d'une entreprise dont les Allemands recueillent tous les fruits.

N'y a-t-il donc pas vraiment à tout le moins quelque ingratitude dans ce reproche d'inquiéter si souvent, et si loin de l'Europe, les habitudes pacifiques de l'Allemagne, et ne peut-on plus dormir tranquille à Hambourg parce qu'une escadre française aura convoyé des marchandises hambourgeoises le long de la côte de Cochinchine? Le gouvernement prussien vient au reste de prouver qu'on ne se trompe pas à Berlin sur les avantages précieux qu'offre un mode de colonisation aussi gratuit, puisqu'il a repoussé l'idée d'une annexion de Saïgon, sollicitée par un grand nombre de pétitionnaires peu clairvoyants. A défaut de qualités plus rares nous sommes au moins bons à retirer les marrons du feu pour les juifs allemands (1).

Serait-il vrai, d'aventure, que les règles de notre politique extérieure aient été tout autres vis-à-vis de l'Allemagne que vis-à-vis du reste de l'Europe? Serait-il vrai que nous ayons mis tout en œuvre pour retarder au-delà du Rhin l'application de ce principe des grandes agglomérations nationales que nous avions partout et si volontiers secondé de notre argent et de notre sang? Serait-il vrai que Napoléon III eût oublié cette mémorable parole du général Bonaparte écrivant au Directoire le 26 Mai 1797 : « Si le corps germanique n'existait pas, il faudrait le créer tout exprès pour nos convenances? » (2) Il n'en est absolument rien. D'abord nous n'avions pas à mettre cette délicate question à l'ordre du jour de nos discussions publiques. C'était l'arche sainte à laquelle aucune main profane, c'est-à-dire française, ne devait se permettre de tou-

(1) V. p. 24 et 25 pour les expéditions du Mexique et de la Chine, expéditions imposées toutes les deux au pays et contre lesquelles il n'a cessé de protester.

(2) Voir le reste de la dépêche reproduite par *l'Indépendance Belge* dans son numéro du 6 Janvier 1871.

cher. La seule attitude que notre dignité, comme notre intérêt du reste, nous conseillât de prendre, c'était celle d'un spectateur attentif et respectueux. Je viens de parler de notre intérêt : il nous était bien permis après tout d'en tenir compte en présence d'une nation qui, exaspérée jusqu'au fond du cœur contre le nom français depuis Napoléon et malgré Waterloo, n'avait jamais songé à prendre envers nous, comme il sied au vainqueur, l'initiative d'une réconciliation sincère, que dis-je ? qui avait repoussé en toute occasion nos avances de fraternité cordiale. La constitution intérieure des Etats Unis d'Allemagne avait été réglée par des traités internationaux, qui, tout en ayant l'inconvénient ou l'avantage de rendre l'offensive difficile aux armées germaniques, n'en garantissaient pas moins une sécurité absolue à ces masses humaines parlant tant bien que mal allemand et établies au centre de notre continent. Non seulement personne en France n'avait jamais pensé à renverser ce colosse, parfaitement inexpugnable d'ailleurs dans sa forte et multiple nationalité, bien qu'un peu lourd dans ses mouvements, mais encore, lorsqu'après tant de laborieuses séances et de violences oratoires, l'Empire allemand fut enfin proclamé à Frankfort en 1849 et la couronne impériale solennellement portée à Berlin, la République française n'eut pas, il s'en faut, le prudent égoïsme d'intervenir dans cette révolution qui, pour être soi-disant tout intérieure, n'en dérangeait pas moins singulièrement l'économie des traités de Vienne, base essentielle et ostensible de la paix en Europe. Au lieu d'un essai de *veto*, ce fut un *bravo* presqu'unanime qui retentit chez nous, aux risques et périls de notre influence future. On n'a qu'à lire encore aujourd'hui l'histoire, assez ingénue, mais fort consciencieuse de M. Garnier-Pagès, et l'on y verra quel accueil les membres de notre gouvernement provisoire étaient disposés à faire à l'unité allemande, si elle se fût réalisée même par la grâce de Dieu et des Hohenzollern. Il est possible qu'un chef de francs-tireurs, le père de Karl Blind, je crois, n'ait pas réussi alors à arracher à notre ministre des affaires étrangères la promesse que les armées françaises se mettraient en marche pour appuyer ses opérations stratégiques : j'ai réellement entendu développer ce grief par un patriote allemand qui paraissait y attacher une grande importance. Il ne m'empêche pas d'affirmer que depuis plus de vingt ans tous les partis libéraux chez nous ont plus ou moins donné un coup d'épaule à ce char de l'unité allemande si profondément embourbé dans les dédains de la Prusse et les menaces du prince de Schwarzenberg. Lorsque plus tard, en 1863, l'Empereur d'Autriche fit un vigoureux effort pour rapprocher les tronçons épars de la triade germanique, et créer un directoire militaire s'inspirant d'une représentation nationale, qui, de la France ou de la Prusse, fit échouer ce projet déjà adopté par le patriotisme généreux des princes allemands, et dont le seul, mais impardonnable défaut était de laisser à chaque Etat son autonomie aussi intacte que possible, au lieu de concentrer du premier coup toute la patrie allemande sous la botte d'un ministre prussien ? Il y a eu, dira-t-on, à ce moment une circulaire prohibitive, émanée du quai d'Orsay. Ce simple fragment de correspondance officielle, bien anodin d'ailleurs, autant qu'il nous en souvient, aurait-il donc suffi pour arrêter la dynastie prussienne dans sa mission historique, dans sa « guerre sainte ? » Et que signifiait au reste ce coup d'épée diplomatique dans l'eau auprès des marques de sympathie qui éclataient de toutes parts dans la presse française, naïvement heureuse de pouvoir saluer la nouveauté imprévue d'une Allemagne enfin unie et constitutionnelle? (1) Plus tard, en 1866, que les historiens allemands de l'avenir le reconnaissent ou non, peu importe, la démocratie française a proclamé spontanément le droit de nos voisins à s'unifier même en se prussifiant. Les feuilles parisiennes les plus différentes de sentiment et de valeur morale se sont rencontrées subitement sur ce terrain : je citerai au hasard le *Journal des Débats* et l'*Opinion nationale*. Quant aux journaux républicains proprement dits, ils entretenaient au camp prussien, sous le nom trop modeste de correspondants, des harpistes spéciaux chargés de célébrer chaque matin les louanges de M. de Bismarck et jusqu'à ses vertus privées. J'ose à peine croire que le *Siècle* de 1871, devenu le Thersite du général Trochu, se ressouvienne beaucoup aujourd'hui du *Siècle* de 1866, qui n'était encore que le Tyrtée *in partibus infidelium* du comte de Bismarck. Non seulement à cette époque la cause de la Prusse était avant tout pour nous celle de la Vénétie, mais encore telle était la puissance de nos traditions nationales et chevaleresques depuis la Convention et la Restauration, que, bien certainement, s'il eût convenu à M. de Bismarck, après Königsgrätz, de réunir le nord et le sud de l'Allemagne sous la suzeraineté de son maître, en excluant l'Autriche de la combinaison, mais sans déposséder le roi de Hanovre, il y eût eu dans toute la France intelligente et virile, sinon un tressaillement d'enthousiasme, du moins une satisfaction réelle et sincère à la vue d'une si grande tâche enfin accomplie et

(1) « Un des principaux points du *credo* de notre vieille diplomatie était, nous le savons, qu'il fallait à la France une Allemagne divisée. Nous croyons que cette routine diplomatique n'est plus conforme à l'esprit de notre époque et nous pouvons montrer, par les tristes effets qu'elle a produits, combien elle est peu conforme à nos véritables intérêts. » *Revue des Deux-Mondes* (chronique politique) 31 Août 1863.

en si peu de temps. Je ne sais s'il existe réellement des Allemands capables de prétendre que Napoléon III a seul empêché ce beau plan de réussir, ce qui d'ailleurs, franchement, eût été assez naturel de sa part, pour peu qu'il se fût ressouvenu de cette malveillante intervention de la Prusse en Italie qui avait arrêté et semblait avoir compromis pour toujours l'œuvre de la délivrance italienne. Que l'Allemagne me cite un seul service international, désintéressé, bien entendu, rendu par elle n'importe quand à n'importe qui, et je reconnaîtrai volontiers que nous avons été extrêmement coupables de ne pas prêter les deux mains à cette unification, qui n'était à nos yeux qu'une borussification fâcheuse, surtout pour elle. Quand les officiers prussiens trinquaient chaque soir à leur prochaine entrée dans Paris, quand chaque matin les journaux les mieux pensants de Berlin nous venaient jeter un nouveau défi (1), nous n'aurions fait qu'user des droits les plus vulgaires de la légitime défense en imposant au cabinet de Berlin la ligne du Mein comme limite extrême de sa politique trop providentielle pour rester toujours suffisamment modérée. Toutefois la meilleure réponse à faire, c'est que le Mexique avait mis Napoléon III hors d'état d'avoir une volonté à lui, et que l'austère ministre du roi de Prusse qui venait à peine de quitter ce Paris, objet éternel de son ressentiment, connaissait mieux que

(1) Voici ce que Madame de Pourtalès, revenant de Berlin, rapportait au général Ducrot : « Ces gens là nous trompent indignement et comptent bien nous surprendre désarmés. Oh ! le mot d'ordre est donné : en public, on parle de paix, du désir de vivre en bonnes relations avec nous ; mais, lorsque, dans l'intimité, l'on cause avec tous ces gens de l'entourage du roi, ils prennent un air narquois... prétendant qu'avant peu la France sera une seconde Espagne. *Enfin croiriez-vous que le ministre de la maison du roi, M. de Schleinitz, a osé me dire qu'avant dix-huit mois notre Alsace serait à la Prusse !* » Lettre du général Ducrot datée de Strasbourg le 28 octobre 1868, adressée au général Frossart et découverte aux Tuileries.

personne cette impuissance momentanée. D'après la France de 1870, qu'on juge la France de 1866, sans chassepots et même sans cartouches ! Mais le futur Chancelier de la future Confédération restreinte, qui se souciait beaucoup moins au fond de refaire l'Allemagne que d'agrandir la Prusse, savait qu'il était prudent de digérer d'abord le Hanovre avant d'aborder la Bavière. En réalité, la seule chose qui ait alors indigné la France, mille fois plus que Königsgrätz ne l'avait surprise, c'est le pillage en règle de Frankfort par la libre gloutonnerie borussienne et ce détrônement injustifiable de souverains dont l'unique tort était de n'avoir pas voulu partager avec la Prusse la responsabilité d'une guerre civile. — On ne manquera pas de me citer M. Thiers, inexorablement hostile à l'unité allemande comme à l'unité italienne. Mais M. Thiers venait de s'ensevelir une dizaine d'années dans l'histoire des guerres du premier empire, et ce tête-à-tête un peu trop prolongé de sa belle et vive intelligence avec la légende napoléonienne avait mis sa politique extérieure en retard sensible sur le mouvement des idées et sur les convictions plus généreuses, quoique moins prudentes, de nos écoles libérales. Les événements n'ont hélas ! que trop donné raison à son expérience beaucoup plus clairvoyante qu'on ne voulait la supposer, quand on appréciait avec tant de sévérité ses discours parlementaires sur l'Italie et la Prusse trop en fièvre de croissance pour sa sécurité personnelle.

Reste l'éternelle accusation adressée à la France d'avoir convoité la rive gauche du Rhin. En vérité la convoitise eût été bien coupable, coupable surtout au point de vue français, car la seule idée de s'approprier par la force un territoire dont tant de différences essentielles ne permettaient point d'espérer raisonnablement l'assimilation aurait été une absurdité et un contre-sens. Non seulement c'eût été infliger un démenti violent à notre parti-pris de ne tirer l'épée que dans un haut intérêt de nationalité ou de justice, mais encore c'eût été bien mal à propos affaiblir notre situation militaire en ruinant notre prestige moral. Il eût été par trop étrange que la France, après avoir mis une telle insistance à faire toucher du doigt à l'Autriche les inconvénients matériels de la possession du royaume lombard-vénitien, eût tenu à river elle même de gaîté de cœur à son pied ce lourd et si inutile boulet qui se fût appelé notre province rhénane ! Mais où donc l'Allemagne a-t-elle pu découvrir des indices de cette prétendue ambition de la France contemporaine ? Est-ce par hasard dans cet axiome écrit et imprimé de Frédéric le Grand : « *Il serait à souhaiter que le Rhin pût continuer à faire la lisière de la monarchie française ?* » (1) Est-ce dans ce traité secret de 1795 par lequel la Prusse, en se retirant de la coalition, nous garantissait la rive gauche du Rhin ? Ou bien encore dans certaines conventions du XVIIe siècle où les « marquis de Brandebourg, » s'étaient montrés vis-à-vis de nos rois si peu avares du sol allemand ? Non, c'est tout simplement dans quelques publications plus ou moins sans portée. Vainement M. Jules Favre et plus tard M. Emile Ollivier, au nom précisément du parti républicain, le seul qui eût jamais manifesté de véritables regrets relativement à cette frontière, avaient solennellement désavoué à la tribune du Corps Législatif les anciennes velléités d'annexion attribuées à leurs amis politiques. Vainement, dès 1852, le Montesquieu des faubourgs de Paris, Proudhon, avait écrit ceci : *Maintenant, que Louis Napoléon, usant de sa prérogative, en appelle aux armes, qu'il engage le pays dans une guerre avec la Sainte Alliance pour la frontière du Rhin, il est le maître. Mais qu'il sache aussi que dans une revendication*

(1) Considérations sur l'État présent du corps politique en Europe.

*ainsi posée l'opinion ne le suivrait pas : elle ne verrait dans sa politique qu'une fantaisie conquérante, un point d'honneur national ou domestique sans caractère moral ! (1)* » Vainement M. Drouyn de Lhuys, pour passer d'un bond aux antipodes du monde politique arrivait aux mêmes conclusions pendant un voyage fait sur les bords du Rhin en automne 1867, et, dans un rapport adressé alors à Napoléon III, lui signalait d'une manière fort nette l'indifférence absolue, pour ne pas dire davantage, de ces riches provinces en matière d'annexion française. Si d'ailleurs le gouvernement impérial avait jamais fait allusion à des compensations de territoire éventuelles — et il ne s'agissait évidemment que des promesses de Biarritz et surtout de la cession du Luxembourg, — ces allusions réservaient en tout cas le droit suprême des habitants de fixer par le suffrage universel leur nationalité définitive au gré de leur patriotisme. Le lettre célèbre de Napoléon III en date du 11 juin 1866 n'admettait de rectification de frontière à notre profit que si, l'équilibre européen venant à être modifié, nos voisins immédiats demandaient leur annexion par des vœux librement exprimés. « *En dehors de ces circonstances,* » ajoutait le manifeste impérial, «*je crois plus digne de notre pays de préférer à ces acquisitions de territoire le précieux avantage de vivre en bonne intelligence avec nos voisins, en respectant leur indépendance et leur nationalité.* » La proclamation militaire du mois de juillet de l'année dernière ne faisait que consacrer une fois de plus ce principe, en indiquant comme but principal de la guerre l'urgence de rendre aux peuples allemands la libre disposition d'eux-mêmes. Dès lors qu'avaient à redouter les Allemands des bords du Rhin, et pourquoi affecter tant de terreur et tant de rancune à propos de deux ou

(1) La Révolution démontrée par le coup d'État.

trois émissaires de la haute police ou de la diplomatie secrète, qu'un honnête charivari de village eût suffi à mettre en fuite dès leur première étape? Il y a plus au reste, car l'auteur d'une brochure semi-officielle, publiée il y a quelque dix ans et qui émanait presque directement du cabinet impérial, avait pris la peine d'établir que notre frontière naturelle du côté de l'Allemagne, c'était la chaîne des Vosges et non pas le cours du Rhin, pour cette raison surtout qu'un fleuve, cette route qui marche, disait le plus éloquent des géomètres, Pascal, en mettant à la disposition de tous une force de traction gratuite en même temps qu'un allégement notable des fardeaux qui lui sont confiés, rapproche inévitablement deux peuples, mais ne les sépare jamais. Et notez que les faits justifiaient complètement ici la théorie, car l'Alsace était la cliente par excellence du pays badois. Mais de pareils écrits et de semblables symptômes restent toujours perdus pour l'Allemagne. Au moment où ils se produisent, soyez sûr que tous les correspondants de la presse borussifiée et borussifiante auront le dos tourné. Par exemple, qu'un caporal en goguette, l'imagination quelque peu endimanchée par des libations irréfléchies, et parti pour la gloire, suivant l'expression populaire, ou pour la Syrie *viâ* Sedan, se passe la fantaisie de faire rimer sur un boulevard quelconque *Rhin* avec *Berlin*, aussitôt tous les Allemands de Paris sachant lire et écrire de saisir leur plume, et, en moins de trois jours, voilà un branle-bas général dans la patrie allemande avec mobilisation complète de tout le vocabulaire de la gallophobie à outrance. C'est ainsi, pour le dire en passant, qu'en Allemagne on connaît beaucoup plus qu'en France cette chansonnette sémillante d'Alfred de Musset, qui n'était en somme qu'une coquette et spirituelle réponse au lourd défi de Becker, et qui roula jadis comme un rugissement de tonnerre tout le long de la vallée du Rhin, tandis que l'Anacréon de génie qui l'avait improvisée retournait à ses roses et à l'amer ressouvenir de ses désillusions d'amour. *Sed hæc priùs fuêre.* Pour ma part je ne connais que cinq Français de notre temps qui aient jamais rêvé publiquement cette annexion odieuse de Coblence et de Cologne, et encore deux d'entre eux ne représentaient en France tout au plus que le département du Gers, si tant est qu'il y représentassent autre chose que son mauvais génie. Mais le grand malheur a toujours été que, tandis que nous jugeons l'Allemagne d'après Gœthe et M. Gervinus, l'Allemagne s'obstine à nous apprécier d'après MM. de Cassagnac père et fils. Venaient ensuite M. Villemain et M. Lavallée, l'un couronnant l'autre. Mais, en bonne conscience, les logogriphes, si timides et si obscurs, de l'académicien ne pouvaient guère être pris pour un miroir bien fidèle de l'opinion française, surtout par les Allemands trop au courant des événements de 1814 et de 1815 pour ne point se rappeler combien la rhétorique académique a parfois de complaisances fâcheuses et d'empressements solitaires. Qui avait célébré jadis de sa prose la plus raffinée l'entrée d'Alexandre 1er dans la Babylone moderne, pouvait sans inconvénient consacrer quelques fleurs de son éloquence la plus fanée à une utopie sénile. Quant à M. Lavallée, il était professeur d'histoire et de géographie à une école militaire, et en cette qualité bien des illusions patriotiques lui étaient permises. Plairait-il à l'Allemagne d'ouvrir, pour la comparer à son livre, la bibliothèque des cadets d'Erfurt ? Je suis persuadé que l'Europe aurait bien vite déclaré innocent ce forfait en un seul volume. Il y avait encore M. Henri Martin, un très honorable historien, républicain de la veille, mais appartenant à la génération politique de 1840 et que les chefs accrédités de son parti ne cessaient pas depuis 1860 de désavouer à la tribune. Tel était l'état-major, et je ne cherche à cacher personne, de cette fameuse avant-garde française qui revendiquait platoniquement les provinces rhénanes. Je ne sais pas trop s'il ne faudrait pas encore y joindre M. Hugo et par conséquent tous les Hugotides. Mais, quand même cette petite phalange beaucoup moins politique que littéraire n'eût pas renoncé à cet ancien thème révolutionnaire, si propice au délire lyrique et à la génération spontanée des antithèses, il conviendrait de se rappeler que M. Hugo est à peu près le contemporain de M. Villemain, et que ses opinions n'engagent que lui-même et sa famille (1). Je ne saurais trop le répéter : le parti républicain, alors le parti le plus influent, par l'organe de l'avocat éminent qui porte aujourd'hui le lourd fardeau de notre politique extérieure, avait exclu de son programme toute espèce de réclamation territoriale au-delà de la ligne de montagnes presque continue formée par le Jura, les Vosges et les Ardennes. Il ne rêvait pour la France que la libre hégémonie des deux grands peuples néo-latins et péninsulaires unis de cœur avec elle. Il serait de mauvaise foi, après des déclarations si précises, d'insister éternellement sur les fantaisies de quelques médaillés de Ste-Hélène ou d'échappés de Charenton, saltimbanques du journalisme.

Disons le bien haut, car nous avons le droit d'en être fiers : depuis longtemps, moralement, la France avait désarmé et fermé le temple de Janus. Elle ne croyait plus à la guerre, elle avait maudit à jamais la boucherie humaine. Le regret cynique de Napoléon obligé d'abdiquer : « Ils n'en veulent plus » n'était pas aussi vrai encore en 1815 qu'en 1870. A aucun prix, par un sentiment de haute humanité, nous ne voulions pour l'avenir de ces jeux sanglants de la force et du hasard, de cette liberté et de cette émulation d'assassinat, de ce méthodique emploi de la brutalité

(1) Les faits l'ont prouvé depuis que ces lignes sont écrites.

en masse, en un mot, de toutes ces sciences dites militaires que les gentilhommes poméraniens cultivaient avec tant d'ardeur dans les seules écoles qu'ils eussent jamais fréquentées. Nous avions compris que la gloire des champs de bataille exige de la part d'une nation de trop grands sacrifices de dignité personnelle, sans compter les sacrifices d'argent et d'hommes. Notre religion et notre philosophie nous avaient amenés de plus en plus à reconnaître que la compensation incertaine et honteuse d'une province conquise malgré elle ou d'un riche butin, fût-ce la toison d'or elle-même, ne réparait que bien mal pour des milliers de citoyens le malheur d'être retranchés temporairement de la vie civile par une discipline inexorable, sinon de la vie elle-même par le fer ou le feu de l'ennemi. Peu nous importait qu'un autre peuple eût confié la garde de son écusson à des sauvages athlétiques, dont la nudité, inquiétante pour la garde-robe des voisins mieux vêtus, était armée d'un gourdin formidable. Nous nous contentions de sourire à ces Hercules barbus et à leur massue, ne voulant pas croire qu'ils pussent guetter des milliards au détour de leur écusson. L'heureuse insouciance et la vivacité affable de notre humeur ne nous permettaient pas de nous apercevoir que notre ruine se préparait dans l'ombre et que la méfiance était devenue pour nous le premier des devoirs. Nous étions tout spécialement sceptiques à l'égard de la gloire et du Dieu des armées, de ce Mars que nous supposions en exil depuis longtemps chez les peuples barbares et moroses, et nous laissions tranquillement se rouiller à l'arsenal de Strasbourg le modèle du fusil Dreyse qui s'y trouvait déjà en 1839. Notre colonie algérienne servait tout au plus d'exutoire à nos vieilles gourmes militaires : c'était un jouet qui détournait notre attention de ce monde que nous avions un instant tenu dans notre main. Sous Louis-Philippe, nous avions subi de la part des grandes puissances, sans tirer l'épée, une humiliation douloureuse. Nous n'avions laissé refaire l'Empire qu'à la condition expresse que cet Empire serait la paix. Un grand orateur, M. Bancel, pendant notre guerre de Crimée, avait eu le courage de boire publiquement à l'abolition de la guerre. Les récits belliqueux ou plutôt anti-belliqueux de MM. Erkmann et Chatrian, qui ne sont qu'une mise en scène éloquente des souffrances du soldat en campagne, obtenaient dans toutes les classes sociales un succès de lecture et de sympathie presque sans précédent dans les annales de notre librairie populaire. Le gouvernement de l'Empereur ne cessait de fatiguer l'Europe par ses incessantes propositions de désarmement général. Que de fois n'avait-il pas suggéré l'idée d'un congrès arbitral et permanent, dont l'origine ou plus exactement le vœu se retrouverait déjà dans le traité de Paris de 1856, et qui par ses décisions amphictyoniques eût établi et maintenu la paix perpétuelle sur notre continent ! Quant à nous, nous ne voulions même plus entendre parler de colonies lointaines à fonder ou seulement à conserver. Ces tristes Assemblées législatives que recrutait la candidature officielle retrouvaient elles-mêmes quelque apparence d'énergie et un reste d'indépendance pour protester contre le luxe de ces expéditions trop coûteuses. L'affaire du Mexique commença la rupture de la France avec la quatrième dynastie. Personne absolument, sinon les acheteurs mystérieux des bons Jecker, ne se souciait de refaire aux dépens de notre pays une virginité telle quelle aux Républiques espagnoles du Nouveau-Monde, quand bien même on eût pu raisonnablement en attendre une extension considérable de notre influence politique et de nos relations commerciales. On se souvient sans doute du cri d'indignation soulevé chez nous par les procédés extra-militaires du général de Palikao en

Chine, et de la protestation très digne de la Chambre rappelant en cette occasion que d'après Montesquieu le mobile des grandes vertus dans les monarchies est l'honneur, et non l'argent. Il y a deux ans environ, M. Drouyn de Lhuys, dans un rapport récemment publié, représentait encore tout projet d'annexer la Belgique comme un grave danger pour la France. Plus le second Empire irritait la nation par l'insolent excès de ses scandales, et plus cette même nation se sentait prise d'une sorte de colère rétrospective contre l'excès de gloire militaire du premier Empire. Napoléon III avait eu l'art de nous amener peu à peu à exécrer Napoléon 1er. Qu'on prenne le dernier volume de M. de Laprade, *Pernette*, ou l'*Histoire de Napoléon* 1er, par M. Lanfrey, et l'on verra si la vieille idole de Sainte-Hélène n'était pas bien près de tomber de son piédestal. Lorsque survinrent les événements de 1866, le père Hyacinthe s'empressa de dénoncer du haut de la chaire de Notre Dame toute pensée de jalousie militaire ou de conquête par représailles comme indigne d'une nation chrétienne et généreuse, tandis que le général Trochu, dans cette brochure fameuse, qui étonna un instant la France, mais ne l'arracha pas à sa confiance fatale, protestait avec la dernière vivacité contre l'à-propos d'une agression ou revanche quelconque. En Prusse cependant on était bien loin d'avoir de pareils scrupules, puisqu'on y étudiait depuis si longtemps et beaucoup trop fructueusement l'art de battre les Français, ou, si l'on aime mieux, l'art de combattre des Français, tel qu'il avait été exposé dans un petit livre du prince Frédéric-Charles. En somme, après 1866, en dépit des avertissements les plus solennels prodigués par quelques bons esprits, moins éloquents au reste que les faits eux-mêmes et la gravité de la situation, malgré la pression la plus énergique de l'administration impériale et de l'ex-Empereur lui-même, ni le peuple ni la Chambre élue ne consentirent à admettre l'urgence d'une vaste et immédiate refonte de nos institutions militaires, à la rigueur de laquelle la Prusse condamnait cependant la France, pour peu que celle-ci se fût seulement inquiétée de la possibilité d'une lutte future avec un voisin si formidablement préparé. Le projet de loi présenté ne sortit que mutilé du Corps Législatif, en dépit de l'insistance du maréchal Niel et de l'habileté de M. Schneider; et encore ne fut-il mis à exécution que dans un certain nombre de départements de l'est, les plus menacés et les plus belliqueux entre tous, bien qu'un « candidat de la guerre » n'eût obtenu dans l'un d'eux à cette époque que soixante à soixante-dix voix sur trente ou trente cinq mille suffrages. Ainsi, non-seulement la France ne voulait pas de lutte avec la Prusse, mais encore elle se refusait même à en prévoir l'éventualité.

« Malgré tout cela, » nous dira-t-on enfin, « vous avez déclaré la guerre ou du moins vous l'avez laissé déclarer. Ce crime dépasse tous les autres. Il prouve une fois de plus combien vous tenez à ce rôle de perturbateurs de la paix en Europe et d'ennemis héréditaires de l'innocente Allemagne. » — A vrai dire, nous pourrions, pour toute réponse, nous contenter de rappeler qu'au dire de la Prusse, c'est aussi l'Autriche qui, bien malgré elle, l'a obligée en 1866 à accepter une guerre qu'elle avait tout fait pour éviter, car la Prusse, chacun le sait, à la vue du plus petit canon, s'empresse d'imiter la Galathée du poète et de courir se cacher derrière un pudique rideau de saules, — pour démasquer quelque batterie, depuis longtemps en position (1).

(1) Dès à présent il se fait un travail latent dans la presse germanique pour persuader aux populations pacifiques et passablement candides des villages allemands que c'est la Russie qui veut à toute force attaquer la Prusse. Deux articles publiés le 22 et 23 avril dernier par la *Gazette d'Augsbourg* et intitulés *Die Kriegslust der*

Mais, en admettant même que notre responsabilité soit beaucoup plus lourde que celle de l'Autriche vis-à-vis de l'Allemagne, ce que je n'admets pas, il conviendrait au moins de faire dans la faute commise la part du gouvernement et la part des citoyens. La justice de l'histoire, à laquelle nous en appelons dès aujourd'hui du coup de force germanique, constatera, je n'en doute pas un instant, non certes l'enthousiasme, mais bien le saisissement d'épouvante qui s'empara de la France au mois de juillet dernier, lorsque tomba d'un ciel paisible et dégagé de nuages le coup de tonnerre inattendu de la déclaration de guerre. L'Allemagne aurait bien mauvaise grâce elle-même à nier cette vérité, depuis le précieux et loyal aveu fait il y a quelques semaines par M. Louis Bamberger, intime ami, dit-on, du chatelain de Varzin. Selon cet écrivain sincère, quoiqu'allemand, ce n'étaient pas seulement tous les hommes sensés de la France loyale et laborieuse, aussi avides de paix que d'ordre, c'étaient aussi les chefs de l'armée française, le général Trochu notamment, qui, le cœur navré des plus sinistres présages, se désolaient dans les bras de leurs amis en songeant aux misères certaines d'un avenir devenu presque déjà le présent. On se rappelle encore le suicide lamentable que produisit à New-York la nouvelle de la guerre. M. Prevost-Paradol, quoique peu au courant des affaires de l'Allemagne et de son génie propre, connaissait trop bien l'Angleterre pour n'avoir pas pressenti depuis longtemps l'inévitable dénouement d'une lutte aussi follement engagée : certaines pages presque prophé-

*Russen* (*L'envie de guerroyer des Russes*), sont extrêmement curieux, malgré leur peu d'atticisme, comme symptômes politiques et comme réouverture d'une campagne interrompue depuis près d'une année. Tout le monde sait pourtant fort bien ce que l'Allemagne veut enlever à la Russie ; mais on ne sait vraiment pas ce que la Russie prétend arracher à l'Allemagne.

tiques de la *France nouvelle* en font foi. Et c'est quand le plus sage de nos généraux faisait ainsi son testament public, quand le plus illustre de nos ambassadeurs se donnait lui-même la mort, que l'on soutiendrait encore que la France, trop ignorante d'ailleurs des choses de l'Europe et surtout de l'Allemagne pour s'être sentie blessée par les coups d'épingle et les piqûres perpétuelles du cabinet de Berlin, c'est en présence de pareils signes du temps qu'on soutiendrait encore que la France a voulu la guerre ou du moins a été enchantée qu'on la déclarât ! Mais on n'a jamais cité, parmi tous les papiers secrets trouvés à Saint-Cloud, que les télégrammes des deux préfets de Marseille et de Perpignan annonçant l'assentiment des populations. Et que signifient en bonne foi ces rapports isolés de deux préfets impériaux ? Autant sans doute que ces bandes d'enthousiastes à la tâche quittant les bureaux secrets de la police pour se répandre dans les principales rues d'une grande ville, ou ces chœurs de tapageurs diurnes et nocturnes que formaient des soldats arrachés à leur famille et noyant leurs larmes dans une ivresse brutale. Les radicaux seuls et les socialistes avaient lieu d'être satisfaits de la guerre, parce qu'elle seule après le plébiscite pouvait encore les débarrasser de l'Empire et de l'Empereur ; et un de leurs journaux écrivait en effet à peu près en propres termes : « Au moins si nous sommes battus par la Prusse, nous aurons pour consolation la République. » — Quant à la responsabilité du ministère français, assurément elle donne à réfléchir, et M. le duc de Gramont n'a pas à rendre à la nation française un compte moins embrouillé que M. le maréchal Lebœuf lui-même. Ainsi que l'a fait ressortir une récente brochure signée par un des aides de camp du prince Louis Napoléon à Strasbourg et à Boulogne, l'empire n'avait pas besoin de guerroyer contre l'Allemagne pour se maintenir après la majorité écrasante du plébiscite. Mais l'Empereur malheureusement avait pu se croire un intérêt dynastique à ressaisir *per fas et nefas* son pouvoir personnel, et nous ne chercherons pas à nier que cette considération n'ait dû peser d'un poids considérable dans la balance de ses résolutions. Par compensation, tout ce qui aggrave sa responsabilité dégage d'autant la nôtre. On sait partout depuis dix mois en Europe que le roi Guillaume n'avait pas absolument refusé la satisfaction qu'il devait à notre susceptibilité. Néanmoins en France on n'en sait rien encore, car nos ministres avaient affirmé le contraire, et toute la presse soufflée par les employés de la place Beauvau avait renchéri sur cet outrage imaginaire. Que le télégraphe ait été infidèle cette fois, ce n'est pas là une excuse ; c'est bien le moins que, dans un cas semblable, on ait sous la main un courrier de cabinet. On est mal venu à dire vraiment à l'heure qu'il est que nos désastres sont le résultat d'une petite erreur ou d'un simple malentendu diplomatique. Certes un peuple est toujours responsable vis-à-vis de ses voisins du mauvais gouvernement qu'il s'est donné, même quand il le subit. Cependant, s'il est encore, comme je veux le croire, quelque équité au cœur des compatriotes de MM. Jacobi et Karl Vogt, la distinction doit être faite par nos vainqueurs. N'avons-nous pas toujours séparé la cause du peuple allemand en 1792 de l'immixtion injuste et violente de ses souverains dans nos affaires intérieures ? Eh bien ! en 1870, tout en nous reconnaissant responsables, nous ne pouvons pas nous sentir coupables. En tout cas, après les batailles de Metz et de Sédan, nous n'avions que trop expié les torts, s'ils en ont eu envers la Prusse, de nos guides politiques. Mais on va reconnaître, je l'espère du moins, que la provocation est venue tout entière de la Prusse déchaînée contre nous par le parti national-libéral (?)

insatiable de servitude prussienne, et beaucoup plus encore par cette féodalité militaire qui ne peut se consoler de la mort de Charlemagne et des restrictions que la Révolution française a indirectement apportées à ses priviléges.

## II.

Comparons à cette attitude de la France, depuis Napoléon, celle des nations germaniques en Europe, notamment vis-à-vis de la France.

La cause première des malheurs qui viennent de désoler le monde et le désoleront sans doute encore, il faut bien le dire, c'est la science allemande. L'histoire et l'ethnographie, faussées toutes deux par l'abus du naturalisme et l'excès du patriotisme, voilà ce qui a donné à la race germanique une ambition sans bornes, ce qui lui fait convoiter, moins encore que la domination, l'absorption même de l'univers entier, Europe et Amérique. Si M. de Bismarck a eu l'imprudence de dire que la force prime le droit, il n'est guère d'Allemand qui n'ait la naïveté de proclamer tout haut que la force est au moins la mesure du droit. Le brochet peut manger d'autres poissons, donc il a le droit de les manger. Impossible d'élever l'intelligence allemande au-dessus de cet ordre d'idées. Je ne parle pas bien entendu de quelques grands esprits, malheureusement trop rares. Je reconnais qu'un petit groupe d'hommes illustres a eu le courage de protester contre cette politique inspirée par je ne sais quelle ivresse malsaine d'histoire naturelle. La vérité pourtant est qu'en fait de propriété du sol la doctrine germanique n'admet que le droit du plus fort, déguisé tour à tour sous quelque nom plus ou moins prétentieux. Ce nom, ou plutôt ce prétexte, on va le voir, change à mesure qu'on parcourt le périmètre extérieur de l'Allemagne sur la carte d'Europe. Autant de points cardinaux, autant de principes nouveaux. La race teutonique semble en vérité avoir des consciences patriotiques de rechange.

On ne saurait nier que, dans son état actuel, la Germanie, depuis Charlemagne, car l'érudition allemande nous oblige à remonter jusque là, a subi une forte pression et un recul considérable dans la direction de l'ouest vers l'est. Mais on ne saurait nier non plus que l'ancien Empire d'Occident n'est aujourd'hui qu'un simple souvenir historique, et que, si nous n'avions pas plus peur du ridicule que la science allemande, il ne tiendrait qu'à nous de revendiquer la Franconie *(Franken)* comme une dépendance inaliénable de la France (*Frankreich*). J'en demande bien pardon à mes lecteurs de l'autre côté du Rhin, si j'ai l'honneur d'en avoir, mais leurs concupiscences territoriales datées ou antidatées de l'époque de nos rois chevelus ne reposent pas sur des raisons plus sérieuses que cela. Et qu'on ne sourie pas trop d'incrédulité de ce côté-ci du Rhin : je pourrais montrer un passage d'une gazette illustrée fort répandue où il est dit que, si l'on sait mieux lire en Bourgogne et en Champagne que dans tel autre de nos départements, cela tient à ce que les habitants de ces deux provinces ont du sang germanique dans les veines. Mais, si les peuplades d'origine teutonique paraissent avoir été refoulées depuis cinq ou six siècles vers les Vosges et le Rhin, il faut convenir qu'elles se sont bien largement dédommagées, en s'emparant d'abord des rivages de la mer du nord, d'où elles ont chassé des tribus scandinaves, et ensuite des immenses plaines qui s'étendent de l'Elbe au Niémen et qui appartenaient à des populations d'origine slave. Sans parler du dialecte frison, la langue de Fritz Reuter, le *plat-deutsch*, aux deux tiers danoise, est restée seule en usage parmi deux ou trois millions de Hanovriens, Mecklembourgeois, Holsteinois et Prussiens, et l'occupation des trois provinces de Prusse, de Posnanie et de Silésie par l'Allemagne est un triple empiétement sur l'ancien territoire polonais. Même aujourd'hui, à Bromberg, par exemple, les affiches et les annonces de toute espèce sont en deux langues, absolument comme à Strasbourg. Qu'on jette les yeux sur une liste de l'état-major prussien, c'est-à-dire sur le livre d'or, assez dédoré, il est vrai, de la noblesse prussienne, ou tout simplement sur ces interminables martyrologes militaires qu'elle a le courage de faire insérer chaque matin dans les feuilles publiques, et l'on verra dans quelle incroyable proportion y figurent les noms scandinaves et polonais. Au nord et à l'est la race germanique a donc plus qu'amplement récupéré ses pertes prétendues du côté de l'ouest, si tant est qu'il convienne à une nation civilisée et sincèrement amie du progrès de tenir à jour cette sorte de chapitre de « profits et pertes » dans ses annales. Je défie du reste le plus subtil des patriotes larmoyants d'outre-Rhin de répondre à ce dilemme : Ou bien l'Allemagne doit rendre le littoral de la mer du nord et ses districts polonais à leurs véritables propriétaires, et dans ce cas elle pourra faire admettre à la discussion ses prétendus droits sur l'Alsace ; ou bien, n'acceptant pas le principe des nationalités quand il tourne contre elle, elle n'a aucun prétexte légitime pour revendiquer l'Alsace, d'autant plus que ses prétentions historiques s'y trouveraient annulées, en tout cas, par une antipathie universelle et irréconciliable.

Il semblait qu'au moins les traités de Vienne, à défaut des traités de Westphalie, devaient fixer au centre de l'Europe ces sables toujours mouvants et ces bancs de générations prodigieusement fécondes qui constituent l'Allemagne : il n'en a rien été. A peine la paix signée, les récriminations, les revendications écrites ont commencé. Au sud, l'Allemagne a longtemps convoité, que dis-je? convoite toujours jusqu'aux territoires même les plus faiblement teintés de germanisme de l'Autriche. Le port de Trieste lui semble tout à fait indispensable à sa prospérité commerciale. N'a-t-on pas été en 1859 jusqu'à publier à Berlin une brochure semi-officielle destinée à prouver que la ligne du Mincio était également nécessaire à la sécurité des habitants de Cottbus et de Gumbinnen, car, ne l'oublions pas, l'Allemagne impériale du moyen âge avait fait de l'Italie son humble vassale, et, il y a douze ans, l'Autriche avait repris pour son propre compte cette vieille suzeraineté perdue par l'Allemagne confédérée? Toujours en 1859, n'a-t-on pas même mobilisé les réserves prussiennes, afin de conserver Vérone et Mantoue comme avant-postes de l'Allemagne, sauf plus tard à en permettre la délivrance à l'Italie, quand on ne pouvait plus se passer d'elle, sauf aussi à encourir le reproche de haute trahison envers la patrie allemande de la part de quiconque s'amuserait à retourner contre l'auteur de la brochure l'inflexible logique de ses propres appréciations? Nous n'attendrons plus beaucoup d'années, je pense, pour assister au démembrement complet de la monarchie austro-hongroise, car, sans l'archiduché d'Autriche, il n'y aura jamais d'Allemagne véritable. La mine est déja prête à éclater. A l'égard de la Confédération helvétique, les espérances ne sont pas moins hardies. Peu importent les préférences hautement déclarées des citoyens. Une partie du canton de Schaffhausen et le petit Basle ont le tort de se trouver sur la rive droite du Rhin, en plein duché de Bade : n'est-ce pas là de la part de la Suisse un envahissement inexplicable, un larcin permanent fait au territoire allemand? Provisoirement on s'en console du mieux qu'on peut en considérant ses vingt-deux cantons comme une simple annexe de la Souabe, et en inscrivant dès à présent tous ses établissements d'enseignement supérieur — la Suisse en possède d'excellents — à la suite des grandes écoles universitaires de l'Allemagne. Lausanne est, si je ne me trompe, la seule ville suisse à laquelle la presse allemande ait bien voulu conserver son nom français : toutes les nouvelles de Genève, en revanche, sont datées de Genf, et celles de Neufchâtel, de Neuenburg. Une gazette bien connue des bords du Rhin confessait même au mois de décembre dernier l'existence en Allemagne de patriotes assez attardés dans le passé pour réclamer encore les vieilles frontières germaniques jusqu'au delà du Rhône et « traiter Guillaume Tell de rebelle contre le saint Empire. » A quoi bon hélas ! parler de la Lorraine dite allemande et de l'Alsace ? Un très obscur député du Brunswick, aubergiste, probablement, formulait ainsi à la veille de Königsgrätz le bon droit de l'Allemagne sur ces deux infortunées provinces : « Lorsque les enfants ne veulent pas rentrer chez eux, le père de famille a le devoir de les ramener par l'oreille au logis.» N'est-ce pas bien là, dépouillée de tout artifice de langage, cette politique tirée uniquement de la force et de l'histoire naturelle dont je parlais plus haut ? Ici c'est le droit historique qu'on invoque, plus encore peut-être que le droit ethnographique, qui obligerait le vainqueur à interroger le suffrage universel. Louis XIV a volé Strasbourg : donc la nouvelle Allemagne se doit à elle même et à Strasbourg surtout de la ramener, fût-ce à coup de bombes, dans le giron affectueux de sa famille. Il est certain que Strasbourg était presque le centre du Saint-Empire germanique à une époque où les ancêtres de M. von Podbielski et de M. von Moltke ne parlaient que le polonais et le danois, car encore une fois l'aristocratie qui réclame de nous au nom de la race allemande d'anciens territoires allemands est beaucoup plus étrangère à cette race (1) et à ce territoire que nous ne le sommes nous-mêmes par nos origines historiques. Il se peut que *Strasbourg* ne soit qu'un substantif germanique composé : mais le nom de *Dantzig* ne contient-il pas la racine même du mot qui signifie précisément danois en langue danoise ? Et puis, en parlant éternellement outre-Rhin du vol de Strasbourg par Louis XIV, on oublie vainement par trop l'article du traité de Ryswick (1697), par lequel le Saint-Empire, en abandonnant à la France tous ses droits sur l'antique cité impériale, recevait en échange les quatre dernières positions militaires de la France au delà du Rhin, Kehl, Freiburg, Alt-Brisach et Philippsburg. (2) Ainsi que je le faisais pressentir tout à

(1) Il n'est pas inutile de faire remarquer en passant qu'en droit international, au regard de l'Angleterre, de la Russie, de l'Italie, de l'Espagne et de tous les petits Etats qui n'ont été atteints ni en 1866, ni en 1871 par les armes prussiennes, les deux provinces de Prusse et de Posnanie sont et restent *légalement* en dehors du nouvel Empire allemand, ainsi que vient de le demander au nom de ses électeurs et des traités de Vienne un député de Posnanie. L'Europe n'a pas encore admis officiellement que ces conquêtes de l'Allemagne *fussent même des pays allemands*.

(2) J'emprunte au travail, un peu vif d'allures, mais décisif, de M. Alfred Michiels (*Les Droits de la France sur l'Alsace et la Lorraine*) la traduction de cet article : « Comme on a jugé opportun, pour rendre la paix plus solide, d'échanger certains lieux, Sa Majesté Impériale et l'Empire cèdent au roi très-chrétien et aux héritiers de sa couronne, la ville de Strasbourg, ainsi que toutes ses dépendances sur la rive gauche du Rhin, avec tous les droits de propriété et de haut domaine qui ont jusqu'ici appartenu à l'Empire romain ou pouvaient lui appartenir, les transfèrent tous et chacun d'eux au Roi très-chrétien et à ses successeurs, de telle façon que ladite ville et toutes ses appartenances et dépendances sur la rive gauche du Rhin, avec toute sorte de juridiction, de haut domaine et de souveraineté, sans réserve aucune, passent dès à présent et pour toujours au Roi très-chrétien et à ses successeurs, et soient incorporées au royaume de France, sans que l'Empereur, l'Empire ou tout autre y puissent contredire. Pour une plus grande validité de ladite cession et aliénation, l'Empereur et l'Empire, en vertu de la présente

l'heure, il faut nous préparer à entendre bientôt de longues doléances relatives à ce vieux royaume de Bourgogne, où les vignobles sont exquis, et qui ainsi que le comté de Champagne, où ils sont encore préférables, a été méchamment et traîtreusement dérobé aux seuls successeurs légitimes de Charlemagne, c'est-

transaction, dérogent à tous et chacun des décrets, constitutions, statuts et coutumes des Empereurs antérieurs et du Saint-Empire romain, même à ceux qui ont été confirmés ou seront confirmés par serment, nommément à cet article du chapitre impérial, par lequel toute aliénation des biens et droits de l'Empire est défendue, toutes règles auxquelles ils renoncent expressément ; délient ladite ville et ses magistrats, officiers, citoyens et sujets, des liens et serments dont ils avaient été liés jusqu'ici à l'Empereur et à l'Empire, les renvoient et remettent à la sujétion, obéissance et fidélité qu'ils doivent garder au roi de France et à ses successeurs ; et par ainsi établissent le Roi Très-Chrétien en pleine et légitime propriété, possession et souveraineté, renonçant dès maintenant et à perpétuité aux droits et prétentions qu'ils avaient ; pour laquelle fin ils trouvent bon que ladite ville de Strasbourg soit rayée de la matricule de l'Empire. » — M. de Sybel a essayé de répondre à ce travail de M. Alfred Michiels ; qu'a-t-il objecté à ce traité ? Rien, absolument rien. Nos archivistes ne sont pas évidemment de force à lutter avec ceux de l'Allemagne : mais sur le terrain du droit, de l'honnêteté internationale et de la bonne foi la France n'a rien à redouter de personne et attend avec calme le jugement de l'avenir. Je n'en veux pas d'autre preuve que cet écrit fort inutile, puisqu'il *ne conteste même pas* le droit écrit de la France, et qu'il n'y a pas une province possédée par un Etat européen à laquelle ne se puissent rattacher des récriminations de ce genre ; exemples : la Silésie, le Slesvig, le Hanovre, la Hesse, etc. — Il faut avoir en vérité une bien grande confiance dans la discipline intellectuelle de ses lecteurs pour discuter aussi gravement des documents complètement abrogés par des conventions postérieures. Encore une fois, il ne s'agit pas ici du traité de Westphalie, mais bien de la paix de Ryswick, confirmée à Rastadt et à Bade au commencement du XVIIIe siècle. C'est de ce traité qu'il eût fallu prouver la nullité. Il eût fallu aussi et surtout prouver celle des traités de Vienne, car nous ne comptons pour rien l'argument tiré de la *réserve mentale*. Depuis Pascal, c'est-à-dire depuis plus de deux siècles cette monnaie là n'a plus cours chez nous, grâce à Dieu.

à dire aux descendants de ses ennemis d'au-delà du Weser. Il n'est guère contestable du reste que ces deux provinces ne soient tout aussi germaniques ou germanisables que le pays messin, puisqu'on n'y rencontre non plus ni un habitant sachant l'allemand de naissance ni une maison rappelant l'architecture allemande. Le grand-duché de Luxembourg appartient également à la Germanie, d'abord parce que la population est bilingue, ce qui la rend immédiatement de bonne prise, et ensuite parce que la forteresse qui défend le chef-lieu est indispensable au paisible sommeil des philistins et des hobereaux de Poméranie ou de Silésie. On nous démontrera de même sous peu que les langues flamande et hollandaise, malgré leur attache scandinave, obligent en bonne conscience les armées impériales et royales à prendre possession des ports d'Anvers et d'Amsterdam, pour le plus grand triomphe de la philologie allemande. Que dis-je ? Au moment où j'écris, la démonstration est déjà faite. La *gazette industrielle* de Berlin vient de déclarer que la Hollande et la Belgique rentrent dans les limites naturelles de l'Empire prussien (1). La philologie ici n'est du reste, on ne cherche pas à le nier, que la très humble servante d'un droit nouveau, bien autrement encore élastique et imprescriptible que tous les autres, le droit au développement maritime. C'est même pour satisfaire à cette partie de son mandat providentiel que la Prusse s'est vue dans la douloureuse nécessité d'arracher à main armée le Holstein à la monarchie danoise, et aussi ce pauvre Slesvig, où il n'y a pas un habitant sur quatre,

(1) La Belgique n'a-t-elle pas d'ailleurs dérobé à l'Empire germanique Rubens, d'abord, né à Cologne, puis la ville et le territoire de Liége, pardon, de Lüttich, sans parler des couleurs mêmes de son drapeau tricolore ? Organiser à présent un mouvement flamand, c'est faire sans raison de la coquetterie avec le Minotaure germanique et se signaler assez naïvement à son ardeur dévorante.

même dans le sud, qui porte un nom allemand : j'ai vérifié moi-même le fait il y a quelque dix ans sur les bords mêmes du golfe de Schlei, dans la principale rue de la petite ville de Cappeln. Restent, du moins je le suppose, comme dernier approvisionnement du patriotisme prussophile, la Courlande, la Livonie, que sais-je au reste ? — car où finit cette patrie allemande qui doit être toujours plus grande, plus grande encore, selon la chanson de Moritz Arndt ? Qui me garantit que le grand-duché de Varsovie et même les principautés danubiennes, déjà gouvernées par un Hohenzollern, échappent à l'avidité d'un patriotisme aussi insatiable, et ne peut-on invoquer aussi à Berlin contre la nation roumaine, qu'on vient de doter de chemins de fer, précisément les mêmes mauvaises raisons qu'on prend pour prétexte d'une agitation continue et d'une ingérence ambitieuse sur les bords de la Baltique ? « Nous avons ici pour nous l'argent et l'instruction : donc notre civilisation est supérieure, donc le pays doit nous revenir. Peu nous importent les anciens possesseurs, c'est à eux d'en sortir. Les banquiers et les libraires parlent allemand : cela nous suffit, le pays est allemand. » — Ainsi à l'est la race germanique a le droit de marcher en avant au nom de l'avenir, et, à l'ouest, elle jouit du privilége contradictoire de revenir en arrière, au nom du passé. A la France, elle montre des titres de propriété dix fois périmés ou annulés, ce qui doit faire reculer la France; et, de l'autre main, déchire ceux que lui présente la Russie, ce qui doit faire également rétrograder la Russie. Elle invoque ici l'appel des notables du pays, et, là, fait la sourde oreille à la voix d'un peuple entier. Il faudrait choisir cependant, et, avant d'accuser le prochain d'ambition incorrigible et détestable, mettre, s'il est possible, un peu plus de retenue dans ses desseins et un soupçon de logique dans ses raisonnements.

La vérité est que la race allemande a trop d'enfants et la noblesse allemande trop d'hypothèques pour vivre en paix sur son propre territoire. L'excès de fécondité des paysans et l'industrie privilégiée des seigneurs, c'est la guerre que je veux dire, ne laissent aux uns comme aux autres qu'un seul moyen d'échapper à la famine ou à des créanciers trop pressants, et ce moyen, c'est un recours intermittent à la force brutale. Nulle part en Allemagne le sol n'est assez fertile, assez nourricier pour suffire à des familles qui ont pris trop au sérieux le : *croissez et multipliez* biblique, à moins de fréquentes applications de ce principe de Malthus qui fait de la guerre un dérivatif nécessaire de la prolixité humaine. C'est ce que dit très bien Karl Gutzkow, parlant d'un Etat quelconque de la Confédération germanique: «Cette société mal organisée, afin de développer sa puissance militaire d'une manière tout à fait disproportionnée, n'avait pour but que l'expansion exubérante et plantureuse de la population (1). » De là ces trésors offerts par les Chambres prussiennes aux généraux vainqueurs de l'Autriche, et qui ont transformé en millionnaires des officiers sans patrimoine. De là ces propositions qu'adressent maintenant de l'ambulance des officiers blessés à de riches héritières priées de venir panser à la fois leurs propres blessures et celles de leur fortune. De là ces capitations de 25 ou 50 francs par habitant exigées dans tous les villages français, et destinées à former un fonds extraordinaire pour les menus plaisirs de sous-lieutenants ou de lieutenantsqui, de la sorte, reçoivent quatre thalers par jour comme supplément d'un traitement ne s'élevant pas toujours à deux. De là enfin ces « épingles », ce « trinkgeld militaire» variant de 75 à 5,000 thalers que touchent en ce moment, au dire de l'*Illustrirte Zeitung*, jusqu'aux

(1) Ritter vom Geiste, t. 6, p. 120.

chirurgiens (1). Cette nation lancée à grande vitesse sur la pente d'un accroissement indéfini et inquiétant est fatalement condamnée, qu'on me passe cette expression familière, à jouer des coudes dans toutes les directions, et c'est pourquoi sa raison sociale en politique, sa devise n'est et ne saurait être que la raison du plus fort.

Mais je n'ai pas à insister sur les torts de l'Allemagne envers l'Europe. Les peuples européens qui n'ont pas encore eu l'honneur d'être victimes des convoitises teutoniques s'apercevront quand il leur plaira, et s'il en est temps encore, des inconvénients du pangermanisme (2).

(1) D'après le rapport présenté par M. de Bismarck le 24 avril dernier à ses actionnaires, c'est au Reichstag que je veux dire, les frais de la guerre jusqu'au 31 mars s'étaient élevés en tout à 286,493,497 thalers, soit en chiffres ronds à un milliard de francs. Pourquoi alors élever à cinq milliards le « dédommagement de la guerre » ? 400 % en neuf mois ! sans compter le linge, les pendules, les bijoux et le vin ! Par Abraham et Jacob, la guerre est une belle et lucrative industrie ! Mais qu'au moins MM. les gentilshommes poméraniens n'accusent plus la race israélite du délit habituel et incorrigible d'usure ! Elle ne place pas toujours ses capitaux à si bon compte.

(2) Les choses vont déjà bon train. A Bucharest, il y a quelques semaines, la colonie allemande, pour fêter l'Empire et l'Empereur, nouvellement institués, a retenu *comme otages* le premier ministre Ghika et le préfet de police venus pour lui présenter d'humbles excuses. Le lendemain le consul général, M. de Radowitz, a exigé et obtenu la démission du ministère tout entier. L'émeute sciemment provoquée par les Allemands de Bucharest, qui avaient engagé et payé de leurs deniers une partie de la police locale pour leur prêter main forte, a donc eu pour résultat définitif de placer les Principautés danubiennes sous la demi-suzeraineté de la Prusse. — Le Portugal, quoique bien éloigné du nouveau centre de gravité de l'Europe, va avoir aussi son petit compte de bienvenue à régler avec l'aménité et le désintéressement germaniques. Voici en effet qu'un armateur de Stettin se plaint en 1871 d'un préjudice qui lui aurait été causé par le gouvernement portugais en 1863. — En Russie la théologie allemande se met elle-même, dans l'excès de son zèle, à réquisitionner secrètement, entre le gilet et l'habit, les livres rares

L'Amérique du nord et l'Amérique du sud sont également libres d'en prendre ombrage en temps opportun, car les visées dominatrices et spoliatrices de l'Allemagne s'étendent au delà même de l'Atlantique, et elle regarde déjà comme des vassales, dignes tout au plus d'être exploitées, les populations indigènes ou anglaises de New-York, qu'on appelle dès à présent la troisième grande ville allemande (1). New-York en effet compte parmi ses habitants, dit-on, un demi-million d'Allemands. Le Missouri, où leurs établissements sont également très-nombreux, a pour représentant au sénat américain un Prussien libéré, comme s'appelait lui-même Henri Heine, car c'est un trait à noter que la race allemande envoie aux quatre coins du monde ses anciens condamnés à mort politiques en guise de proconsuls officieux et de jalons vivants de sa mission civilisatrice. Il n'entre pas non plus dans mon sujet de parler des rapports de la Prusse avec les Allemands non-prussiens par la grâce divine et par droit de naissance, quoiqu'on ait vu il n'y a pas deux ans à Munich un officier prussien exiger avec sévices graves qu'un gendarme bavarois allât lui réquisitionner une Dulcinée de bonne volonté, et quoiqu'une circonscription électorale du Würtemberg ait poussé l'exaspération contre la Prusse au point d'élire un député capable ou coupable de préférer publiquement les « pantalons rouges » aux « casques à pointe. » Quant aux mérites de la féodalité prussienne envers la civilisation, je laisse bien volontiers encore à l'histoire le

de la Bibliothèque impériale de St. Pétersbourg. — Cela promet pour l'avenir. Au reste, les petits peuples ne paraissent pas s'y être trompés, et, en Suisse notamment, le pangermanisme a déjà reçu quelques pierres dans son jardin. La Prusse prétend être devenue le grand balancier de l'Europe : il est fort à craindre qu'elle n'y joue jamais que le rôle du marteau par rapport à l'enclume.

(1) Die drittgröstte deutsche Stadt.

soin d'apprécier des institutions militaires qui, en pleine paix, maintiennent indéfiniment sous les drapeaux toute la population mâle du pays, ce à quoi n'avait voulu consentir aucune autre grande nation européenne. Je lui abandonne également sans crainte l'appréciation de ces fusils et de ces canons à l'aide desquels ce « peuple en armes » porte chevaleresquement la mort cinq ou six fois par minute jusqu'à huit ou neuf kilomètres de distance, alors que partout ailleurs on persistait à fermer les yeux sur ces détestables révélations faites par les sciences physiques et mathématiques à l'ambition d'une dynastie (1). — Je ne me propose de mettre en lumière que les étranges procédés des peuples germaniques envers le peuple français. Le sujet est trop riche par lui-même pour que je cherche encore à y intéresser d'autres victimes.

Certes nous ne nous plaindrons pas de l'accueil per-

(1) Je suis désolé d'accuser bien malgré moi M. de Bismarck d'un défaut éminemment français, l'étourderie ; mais il n'en est pas moins très vraisemblable que l'honorable prince n'a jamais dû lire les instructions militaires de M. de Moltke, ayant nié d'une manière si nette et à tant de reprises que les armées de la Prusse eussent fait usage de balles explosibles pendant cette guerre. Voici en effet un passage assez curieux que le hasard m'a permis de relever sur les tableaux mêmes *qui ont servi pour la mobilisation du mois de juillet dernier.* Parmi les divers exercices préparatoires qui doivent occuper les cadres d'un régiment indifféremment l'une ou l'autre des treize journées nécessaires pour l'entrée en campagne, figure, je traduis mot à mot, « l'exercice des sous-officiers avec des cartouches à explosion. » A la suite de cet ordre se trouve un renvoi au n° 24 du chapitre des observations. Voici le début de ce n° 24 : Chaque sous-officier reçoit un paquet de cartouches explosibles avec capsules fulminantes : ces cartouches viennent en déduction des cartouches ordinaires qu'il doit porter. Les autres cartouches explosibles sont placées dans la voiture de cartouches, etc.. Après cela il ne reste plus, je pense, qu'à faire accroire que ces cartouches sont destinées à se débarrasser des sangliers ou des éléphants qui pourraient gêner les opérations stratégiques.

sonnel fait par la plupart des Allemands aux Français qu'ils avaient un peu appris à connaître. Nous avons — il ne faut pas dire, je l'espère, nous avions — de trop précieuses amitiés au delà du Rhin pour ne pas reconnaître, avec une spontanéité qui n'est que de la reconnaissance, l'heureux tempérament que les mœurs traditionnellement affables et hospitalières de la vieille Germanie apportaient à la dureté de ses rancunes nationales. Mais, si notre gratitude nous impose avant tout ce doux et facile aveu, que de faits en revanche nous ont attesté l'hostilité incurable et profondément haineuse entretenue dans les cœurs allemands, non pas peut-être, grâce à une louable inconséquence, contre les Français, mais du mòins contre la France, la «belle France, » la « grande nation, » comme on disait partout avec l'ironie méchante d'un sourire aussi railleur que possible ! J'ose à peine me rappeler les innombrables déclarations de guerre indirectes que j'ai dû entendre en Allemagne, en ma qualité de Français, à propos de Strasbourg et de la prétendue Lorraine allemande. Il y a quelques mois un étudiant en droit de Munich, qui sans doute n'avait pas encore eu occasion de suivre un cours de droit international, disait devant moi, après M. de Vincke au reste : « Dès que nous serons les plus forts, la première chose que nous ferons, ce sera de reprendre l'Alsace et la Lorraine. » Quelques semaines plus tard, un jeune Würtembergeois, d'humeur très aimable d'ailleurs, me faisait encore cette singulière confession : « Lorsque je suis à Strasbourg, j'en pleure malgré moi. » Bien entendu, d'y voir des autorités françaises et d'y entendre parler français. Ce n'était rien encore que cela. Qu'un de nos compatriotes décoré de la Légion d'honneur s'éloignât seulement dans une promenade à pied d'une des stations thermales des bords du Rhin, et aussitôt les indigènes s'attroupaient autour de lui, menaçant de lui arracher sa décoration. En fait le parti de la Croix n'avait jamais reconnu l'Empire de 1852, si ce n'est toutefois en 1852 même, c'est-à-dire au moment où cet Empire délivrait indirectement les Hohenzollern de leurs craintes personnelles. C'est à peine si depuis sa demi-complicité de 1866 on voulait bien écrire Napoléon III. Auparavant, ce n'était que Louis Napoléon tout court, ou encore, comme le nommait familièrement le *Kladderadatsch*, et à sa suite tous les Allemands qui se piquaient d'esprit : ER, *(lui)*. L'Impératrice s'appelait ELLE, et le prince impérial CELA. Des histrions vulgaires venaient en plein théâtre, depuis notre guerre d'Orient et notre guerre d'Italie, provoquer les ricanements des Berlinois en personnifiant d'une manière burlesque, à l'aide d'un nez de carton aquilin et de longues moustaches félines, celui qu'à tort ou à raison la France du 10 décembre avait chargé de diriger ses destinées. Comment définir ce système implacable de demi-calomnies, de persifflage aussi fin que possible, de mensonges par réticence, d'interprétations malveillantes et d'insinuations perfides qui trouvaient partout asile dans la presse et la littérature courante ? A l'heure qu'il est, des gazettes, qui d'ordinaire pourtant prennent plus au sérieux leur rôle, accueillent à bras ouverts les communications politiques de vieillards aussi honorables qu'insensés, sous prétexte que ces chevaliers de la croix de fer, qui n'ont pas certes conquis la croix du mérite intellectuel, ont servi sous York ou sous Blücher. Mais je n'entends citer à la barre de l'opinion publique que ceux de leurs correspondants qui, abusant de notre hospitalité, se faisaient comme un saint et patriotique devoir de confondre la France avec l'Empire, et d'accabler celle-là des outrages que méritait celui-ci. N'eût-il pas été plus équitable de tenir compte de cette vérité historique que, si la France avait à subir les hontes du demi-monde impérial, cela tenait principalement à ce qu'elle s'était constituée en Europe, d'une manière trop violente assurément, l'apôtre de la liberté et de l'égalité républicaine ? N'eût-on pas dû se dire que, sans l'inoculation à main armée des idées françaises par Napoléon 1er, les serfs allemands en seraient encore à attendre les sages réformes de M. de Stein ? Mais de si mesquines considérations n'étaient pas faites pour arrêter la verve des observateurs aux gages de la *gazette de Krähwinkel* ou du *journal de Kleinstadt.* Au sortir des salons de quelque banquier israélite en quête de dupes à la Bourse de Paris, ces messieurs écrivaient avant de se mettre au lit quelques pages bien senties qui faisaient pâmer d'aise et de béatitude nationale la pudeur indignée des sénateurs hambourgeois ou des diaconesses bavaroises d'âge à tout lire et à tout deviner.

Que de preuves à citer de cette sourde et latente hostilité à domicile des Allemands contre la France ! Croirait-on que sur certains « théâtres de la cour » les pièces françaises sont exclues *à priori* du répertoire pour laisser la place entièrement libre aux futurs Scribe de l'Allemagne, qui, comme sœur Anne, ne voit absolument rien venir, si bien qu'en les attendant le public est condamné à bâiller comme à la tâche devant les inepties dramatiques d'un Bauernfeld, plutôt que de se donner le divertissement d'une comédie bourgeoise et amusante de M. Labiche, telle que la *Poudre aux yeux* ou le *Voyage de M. Perrichon* ? Croirait-on que n'importe quel érudit allemand se prosterne d'admiration devant le dernier des calembourgs de Shakespeare, tandis qu'il haussera dédaigneusement les épaules si vous lui parlez de la grandeur morale de *Polyeucte* ou du *Misanthrope* ? (1) Que tous les tableaux

(1) J'ai vu jouer du Sophocle à Dresde, mais je n'ai jamais eu occasion depuis dix ans de voir représenter sur un théâtre

de nos grands maîtres du XVIIe siècle sont à peu près comme enterrés dans les greniers des pinacothèques allemandes, et que là où l'on voit figurer au premier étage, dans l'or du plus beau cadre et sous la splendeur du plus beau jour, une ébauche douteuse d'un élève inconnu de Cranach le jeune, il faut monter jusque sous les toits pour découvrir les Poussin et les Lesueur? Que le nom de Hérold, le plus français de nos compositeurs et le plus exquis certainement, serait plutôt propre à réveiller le zèle assoupi de l'étymologie patriotique allemande qu'à ramener à la mémoire quelque mélodie de *Marie* ou du *Pré aux Clercs*? Supposerait-on enfin que la nation qui, au XIXe siècle, a incontestablement l'honneur d'occuper le premier rang dans les sciences naturelles, a été jusqu'à renoncer d'elle-même sur certains points à l'évidence de la vérité et au progrès accompli, uniquement sans doute parce que cette vérité ou ce progrès était de provenance française? C'est ainsi que par patriotisme scientifique, comme si la science n'était pas au-dessus de tout patriotisme, les minéralogistes, outre-Rhin, ne tiennent que fort peu de compte de la cristallographie, simple fantaisie, selon eux, de Romé de Lisle et de l'abbé Haüy, et qu'en botanique on préfère en rester, au moins dans les petites écoles, à la méthode grossière et essentiellement transitoire de Linné, plutôt que d'adopter le principe de la classification naturelle introduit dans la science par Jussieu. Après cela, ne faut-il pas tirer l'échelle? *Delenda Gallia,* voilà le premier axiôme de la libre recherche allemande. Il est vraiment bien heureux que la France, dans son apathie casanière, sache

d'outre-Rhin une seule pièce de Corneille. Le nom de Racine y fait inévitablement sourire : celui de Corneille y semble presque inconnu.

si peu de choses de tout se qui s'imprime ou se raconte à propos d'elle au delà du Rhin !

La manière dont les Allemands jugent notre civilisation chez eux et entre eux est peut-être moins surprenante encore que leur conduite en France. On le sait, le Code Napoléon, devançant par son esprit libéral toutes les législations européennes, avait accordé aux étrangers le droit de s'installer chez nous sans bourse délier et attiré par là sur notre pays une infiltration incessante des hordes, laborieuses, tant qu'on voudra, mais non pas moins faméliques, de l'Allemagne. Aujourd'hui encore, après l'unité accomplie, un Prussien ne rencontrera-t-il pas plus de difficultés pour s'établir en Bavière qu'il n'en rencontrait depuis un demi-siècle pour s'établir dans une ville française ? Les volontaires si déplorablement nombreux de l'émigration allemande s'avançaient jusqu'au cœur de notre pays sous une sorte de protection et de chemin couvert, l'Alsace. En vain la prononciation trahissait la naissance : on disait aussitôt, c'est un Alsacien sans doute, un compatriote. Peu importait du reste : Allemand ou Alsacien, l'accueil eût été le même. On n'a jusqu'à présent chez nous aucune idée exacte des progrès latents de cette invasion germanique pacifiquement haineuse et placidement agressive. Le fait est pourtant qu'un nombre déjà considérable de professions est tombé en France entièrement aux mains d'individus sans ressources déversés sur nous par le grand réservoir allemand. Ces métiers, cela va sans dire, ne sont pas à beaucoup près les moins lucratifs, puisqu'on y compte la haute banque, le commerce des vins de luxe, la cordonnerie fine et le service des grands hôtels. Mais qu'on ne suppose pas un seul instant que la bienveillance sans exemple de cette hospitalité légale ait eu pour résultat d'émousser les préjugés et les haines séculaires des nouveaux venus : ce serait connaître bien mal l'ingratitude allemande. Au dire de ces bienfaiteurs imaginaires, nous ne sommes que trop heureux de les posséder sur notre sol, car ne supposez pas au moins qu'ils soient arrivés à Bordeaux ou à Cette pour tirer quelque profit misérable « du noble sang » des vignes françaises, c'est uniquement pour purifier un peu notre atmosphère viciée, et nous aider par leur présence à balayer nos étables d'Augias, qui sans eux empoisonneraient le continent. Quel titre d'ailleurs pourrions-nous jamais avoir à leur respect et à leur amitié, nous, les descendants avilis de ces nations néo-latines qui n'ont légué au monde que le souvenir de leurs vices, et dont l'expropriation, en quelque sorte, pour cause d'utilité publique, dans l'ancien comme dans le nouveau monde, est la tâche spéciale de la race anglo-saxonne? (1) On a entendu en France des fonctionnaires impériaux, qui n'avaient trouvé dans leur pays que l'hospitalité des prisons de la Diète, tenir à peu près ce langage. Un autre exemple montrera mieux encore à quel point un grand peuple, si sérieuse que soit son intelligence, peut manquer de cette délicatesse morale et de cette équité empressée qui sont la civilisation véritable. Il y a une année environ on reçut au Palais Bourbon une sorte de manifeste envoyé, disaient les signataires, par le commerce hâvrais et destiné à rassurer la Chambre sur la situation et l'avenir de la navigation française. L'assertion semblait si paradoxale qu'ont eût l'idée d'examiner les signatures. On n'y

(1) Ces lourds et systématiques ennemis de trois grands peuples européens, qui n'ont jamais évidemment compris une page de Calderon ou de Dante, ont en tout cas singulièrement oublié cet axiôme scientifique et chrétien d'Alexandre de Humboldt : « En maintenant l'unité de la race humaine, nous rejetons par une conséquence nécessaire la distinction désolante de races supérieures et de races inférieures. » *Cosmos*, t. 1, p. 430 de la traduction française.

trouva que le nom des Allemands établis au Havre. Les navires de la compagnie transatlantique de Hambourg ne faisaient-ils pas escale depuis quelque temps au Hâvre ? Donc tout était pour le mieux dans le meilleur des ports français, germanisé sans s'en apercevoir. A Paris comme au Creusot les émeutes des dernières années étaient en grande partie organisées par des vagabonds d'origine germanique. Et c'est pour ces hôtes sans invitation, et surtout sans discrétion, que le gouvernement prussien réclame une indemnité personnelle, parce que nous avons eu l'indignité de renoncer en temps de guerre à leurs services, après avoir eu la naïveté de laisser partir les hommes valides ! Nous eussions dû sans doute couronner de fleurs et retenir par le pan de leur manteau ces aimables fourriers de la révélation allemande !

D'où peut provenir cependant cette antipathie outrageante de l'Allemagne presque entière à l'égard d'un peuple dont la vanité a pu parfois déplaire à l'Europe, mais qui partout ailleurs est habitué à rencontrer un oubli facile de ses défauts et une estime affectueuse pour sa générosité traditionnelle ? Il convient, je crois, d'attribuer cette regrettable disposition d'esprit, cette réserve rancunière et peu franche à plusieurs causes à la fois. La plus ostensible peut-être, et assurément la moins justifiée, ce serait, à mon sens, une sorte de mépris aussi sincère qu'absurde des Allemands envers la France. Oui, cet étrange sentiment n'est que trop réel chez nos voisins, et c'est en y cédant probablement qu'un honorable professeur de Göttingen, complètement affolé d'ailleurs et dont Mister Punch a fait justice dans les huit jours, répétait encore au mois de décembre dernier que la lutte actuelle n'était autre chose que le combat de l'ange contre Bélial ! Certes la France ne rougira jamais assez à notre gré des hontes de l'Empire. Mais, en bonne foi, appartient-il aux publicistes ultra-rhénans de nous reprocher à ce point, au nom de la morale et de leur pudeur outragées, les distractions quotidiennes de leur libre exil parisien ? Il est incontestable hélas ! que la ville de M. Haussmann, un Alsacien, après tout, descendant authentique, comme Troppmann, d'Hermann le Chérusque, n'a que trop affiché l'ambition de remplacer pour la société corrompue de l'Europe la Venise du XVIIIe siècle, mais il faut avouer aussi que l'Europe tout entière a eu sa large part de complicité dans ce déplorable succès. Encore une fois, bottiers, balayeurs, banquiers, bijoutiers, vaudevillistes, compositeurs, quel besoin avaient-ils de compromettre leur robe d'innocence en venant recueillir les miettes de cette grande et fatale orgie napoléonienne, dont le ménétrier en chef, si je ne me trompe, n'était pas originaire de Batignolles, mais de Cologne ? Est-ce par ignorance ou par malveillance qu'ils ont perpétuellement pris Paris pour la France et le boulevard de Paris pour la vieille ville de Voltaire ? N'est-il donc jamais venu à la pensée d'un écrivain un peu sérieux d'outre-Rhin que la France, si étouffée qu'elle fût sous le réseau de fer d'une centralisation mortelle, devait être autre chose que ce vain et niais tumulte de badauds et de boutiquiers dont le royaume commence à la Madeleine pour finir au Gymnase ? A tort ou à raison, la vie de famille reste chez nous entièrement fermée aux étrangers : les Allemands nous ont jugé sur leur vie errante de café ou d'après les indiscrétions des femmes de chambre et des laquais congédiés du monde officiel. Or, il y a quelque chose de pis encore que de ne pas connaître du tout ses voisins, c'est de les connaître assez mal pour les calomnier sans cesse. Cette faute lourde n'est pas celle de la France.

Le fait est que nous sommes essentiellement fanfarons de nos défauts, et que sur ce point là nous poussons même la franchise jusqu'aux dernières limites de la hâblerie, tandis que les Allemands sont prodigieusement sobres d'aveux ou d'explications sur le même chapitre. L'euphémisme semble la vertu par excellence de leur langue, et le plus joli mot du monde y désigne souvent une fort vilaine chose. Ce que nous appellerions un séducteur s'appelle pour eux : «un ami,» une drôlesse empanachée : «une artiste en équitation,» un souper ultra-copieux et arrosé de flots de vin mousseux: « le pain du soir, » un canon qui permet d'assassiner impunément à une dizaine de kilomètres les enfants et les femmes: «une protection,» la pyramide de boules de fonte gigantesques qui accompagne cet innocent engin: « un jardin de boulets, » etc. Mais, pour peu qu'on ait la sagacité de ne pas prendre plus au sérieux qu'il ne faut ce petit vocabulaire jésuitique, on reconnaîtra bien vite qu'après tout l'Allemagne n'est peut-être pas assez immaculée elle-même pour se trouver autorisée à nous enlever, non seulement notre porte-monnaie, mais encore notre antique et modeste réputation d'honnêtes gens, j'entends aussi honnêtes que possible, car tout le monde ne peut pas être illuminé par la grâce surnaturelle de ce piétisme dont Frédéric le Grand a été jadis le pape, et dont M. de Moltke est aujourd'hui, je pense, le Saint-Michel archange. Sans citer ici des chiffres qui nous obligeraient à ouvrir les grands livres les plus mystérieux de la police, nous pouvons affirmer, si étrange que semble au premier abord notre affirmation, que la prétendue immoralité de Paris lui-même se tirerait à peu près avec tous les honneurs de la guerre d'un parallèle quelconque avec la moralité beaucoup trop surfaite de la Prusse, et qu'il ne serait nécessaire d'aller ni à Hambourg ni à Vienne ni sur la perspective Nevski, ni sur les trottoirs de New-York, partout en un mot où, dit-on, résonne aussi la langue allemande, pour ramener nos voisins à la juste sensation de la paille, sinon de la poutre, qui embarrasse leur œil. Même dans la monarchie des Hohenzollern, le nombre des enfants naturels égale presque, quand il ne le dépasse pas, le nombre des enfants naturels en France, et, sans parler du Mecklembourg, où les droits seigneuriaux subsistent dans toute leur plénitude, avec délégation démocratique aux intendants des grandes fermes, il y a eu des années où il est né dans la ville de Munich plus d'enfants naturels que d'enfants légitimes. (1) On nous reproche beaucoup outre-Rhin les bosquets plus ou moins anacréontiques de certains jardins publics où jamais une famille parisienne qui se respecte n'a mis le pied, tandis que des bandes erratiques allemandes de tout âge et de tout sexe en font la fortune, sinon le plus bel ornement. Mais les moralistes de Berlin ne connaissent-ils pas au moins de réputation un établissement brandebourgeois où la chorégraphie la plus malsaine et quelque chose de plus encore se recommandent du nom d'Orphée et d'une désinence latine ? Sans vouloir entrer dans ces marécages, où la statistique elle-même perdrait pied bien vite, déclarons hautement que la maxime de M. de Morny et Cie : *Corrumpe ut imperes* a passé le Rhin depuis longtemps. Si le monde officiel de Paris a donné à l'Europe pendant vingt ans le scandale de ses spéculations effrontées, n'a-t-on pas vu il y a quelques semaines ailleurs qu'à Paris un maréchal de la cour convoquer ses nombreux créanciers à un repas de corps

(1) Bien entendu, j'emprunte ces faits à une source allemande, au risque de faire appeler traître en Allemagne l'honorable et savant auteur du livre dont je me sers, M. Kolb, député bavarois. D'après cet excellent manuel de statistique, en 1858, le nombre des enfants illégitimes dans le royaume de Prusse était par rapport au nombre des enfants légitimes comme 1 est à 11,85, et, la même année, en France, comme 1 est à 12,12. En Bavière, en laissant en dehors le Palatinat, il y a à peu près 25 pour cent de naissances illégitimes. *In der Stadt München überstieg die Zahl der unehelichen Geburten wiederholt die der ehelichen.* (p. 227).

et se suicider ensuite au milieu d'eux? Notre don Juan au moins avait le bon goût de laisser l'espérance à M. Dimanche et de le reconduire lui-même à la porte. La plaisanterie prussienne, elle, est lugubre. C'est toujours le cercle de plomb et de fer : il n'y a pas à sortir de là. Si lourdement que puissent peser dans notre balance ces « abus de situation » et ces « ventes d'attitude » qui étaient à peu près l'unique industrie de la haute société impériale, n'est-ce rien vraiment que ces empressements de servitude volontaire qui rongent toute aristocratie allemande et ne montrent que trop combien le souffle d'un Mirabeau aurait à y balayer de hontes sociales? Si je ne me trompe, c'est bien en Prusse et non en France, que l'État se fait de la loterie officielle une source de revenus prélevés sur la cupidité ignorante, et tolère la roulette dans des provinces annexées qui en vivaient autrefois? C'est bien en Prusse encore et non en France que les nobles émotions du jeu appelé « *Meine Tante Deine Tante,* » font battre chaque nuit les cœurs de toute une jeunesse militaire et titrée? Je ne crois pas, à vrai dire, que M. Benedetti ait été un aussi grand diplomate que Richelieu : mais, en somme, les honnêtes gens, sinon les rieurs, se rangeront de son côté, car un ambassadeur n'est pas tenu de savoir à l'avance que le ministre auprès duquel il est accrédité a étudié, non chez Vattel, mais dans les romans du quartier Bréda, l'art de faire écrire des billets compromettants pour s'en servir à propos. Tout cela sans doute est fort bien joué, mais d'un assez pauvre exemple pour les mœurs publiques. On devient peut-être prince à ce jeu-là : par bonheur Schiller à la fin de *Wallenstein* a déjà apprécié la valeur morale de ces sortes de titres. Il y a eu chez nous force renégats politiques, me dira-t-on. Soit, mais n'y a-t-il pas ailleurs aussi d'anciens instituteurs de la démocratie qui aujourd'hui portent avec le plus superbe sang-froid sur le cadavre de leur conscience républicaine les plus brillants échantillons de la quincaillerie honorifique de cinq ou six maisons royales? Plairait-il de passer de la politique aux finances? A Berlin nos plus grands scandales de Bourse ont trouvé depuis longtemps de l'écho, à moins qu'ils n'aient été eux-mêmes un écho de ceux-là. La pénurie du numéraire jette naturellement l'imagination des capitalistes sans capital en une foule de combinaisons tant soit peu frauduleuses. Et puis, là-bas, les vieilles pratiques juives ont gardé une grande influence. Au moins nos agioteurs, s'ils sont parfois chevaliers ou grand-croix d'un certain nombre d'ordres germaniques, ne sont docteurs d'aucune Université française ni même espagnole. Qui ne connait également toutes les spoliations d'éditeur à auteur commises par la librairie allemande? Qui n'a entendu parler de cette contrefaçon permanente qui fleurit sur les bords riants de la Saale, sous la protection de la garnison prussienne de Naumburg? Qui n'a aperçu dans quelque gare rhénane ces turpitudes idiotes qui portent le nom de Müller et Schulze et prétendent représenter le génie humoristique particulier à la population berlinoise? Placer des étiquettes fausses d'une grande maison étrangère sur le rebut de nos produits nationaux, ce serait chez nous une indigne escroquerie; ce n'est outre-Rhin qu'un bon tour joué à d'ignorants et impurs Français. Il suffit de lire une fois seulement les deux ou trois pages d'annonces de la plus honnête gazette allemande, pour y recueillir une multitude de révélations qui seraient de nature à porter l'atteinte la plus fâcheuse à cette antique réputation d'honnêteté de la Germanie que M. de Bismarck entretient autour d'elle à grand renfort de circulaires et de télégrammes. Sans tenir compte des insertions qui pourraient aussi laisser quelques doutes sur la pureté absolue du sang allemand, la multiplicité des offres d'accueil affectueux dans mille et une maisons d'accouchement clandestin, les propositions publiquement faites de brochures accompagnées de gravures piquantes (?) à l'usage exclusif des messieurs, l'appel fait par le même procédé, qui n'est plus inusité, dit elle-même la réclame, à des journalistes au rabais ou à des demoiselles de buffet de bonne volonté, mais très jolies, avant tout, l'inépuisable étalage de fiancés ou de fiancées de tel ou tel prix et de tel ou tel âge, avec discrétion garantie et photographie désirée, l'habitude de donner les plus tendres rendez-vous par la voie de la presse ou de faire savoir, toujours avec simples initiales, pourquoi on n'a pu en profiter, toutes ces innocentes communications d'un proxénétisme à tant la ligne donneraient à penser à des moralistes impartiaux qu'il convient décidément de rabattre quelque chose des vieilles louanges adressées par Tacite à la vertu germanique. Il est certain en tout cas que même nos feuilles les plus éhontées de Paris n'introduisent pas dans les familles françaises de pareils renseignements, aperçus courants et par trop précis des mœurs du jour. Il nous reste au moins le droit de penser que ce que nous lisons parfois depuis quelques années n'est que le produit d'imaginations en quête d'invraisemblances dans un monde excentrique, et non une page détachée de la vie réelle.

A ce singulier grief, dont les compatriotes du savant Dr Stroussberg s'autorisent pour nous traiter de la même façon que les rois d'Israël traitèrent les Amalécites, il faudrait en ajouter, je le répète, encore beaucoup d'autres, d'un mérite à peu près aussi équivoque. L'appréciation trop superficielle de notre caractère et de nos idées par les Allemands s'appuie en effet tout d'abord sur le légitime ressentiment que les victoires de Napoléon et le brigandage de ses armées ont laissé chez eux au fond de tous les cœurs. Il y a même des hommes politiques, et ils sont nombreux, je citerai notamment le Dr Jolly, premier ministre du pays de Bade, qui ne nous ont pas encore pardonné la dévastation du Palatinat par Louvois. — « A qui en somme faites-vous la guerre ? » demandait, dit-on, M. Thiers rencontrant par hasard à Vienne M. de Raumer. — « A Louis XIV, » aurait répondu sans hésiter l'illustre historien berlinois. C'est bien ainsi que l'entend M. Hans Wachenhusen, le Van der Meulen attaché à la *Gazette de Cologne,* quand il parle avec une joie si visible, mais aussi bien peu charitable (n'est-ce pas *Schadenfreude* que cela s'appelle en allemand ? car nous n'avons pas de substantif en français pour exprimer ce sentiment là) quand il parle, dis-je, de la statue de Louis XIV et de tous les héros en pierre de la France rangés autour de lui dans la cour d'honneur de Versailles, et obligés, sans pouvoir tressaillir d'indignation, d'assister à la proclamation de l'Empire allemand. N'est-ce pas aussi à ce même ressentiment qu'obéissent toutes ces gazettes que la civilisation prussienne traîne à sa suite, quand elles livrent à la publicité contemporaine ces honteuses correspondances, vieilles de deux cents ans, dans lesquelles le commis d'un roi de France se félicite d'avoir si heureusement fait brûler un village des bords du Rhin ? Mais c'est hélas ! pendant toute la durée de janvier 1871 qu'un roi très-chrétien écrit chaque matin à sa femme : « Le bombardement va bien. Soleil splendide. » Il faut donc reconnaître que de Louis le Grand à Guillaume le Victorieux l'humanité n'a fait aucun, absolument aucun progrès, à supposer que la substitution des engins incendiaires et meurtriers d'à présent aux jouets relatifs de l'artillerie d'autrefois n'oblige pas à prononcer les mots de déchéance morale et de retour en arrière. On nous apprend au collége en France à mépriser

Louvois : il paraît qu'en Prusse ses dépêches servent et serviront toujours de modèle. (1) Qu'attend donc à ce compte la Prusse de la France de 2070 ? Dans quelles voies se trouve entraîné le monde ? Et de quel droit surtout nous appelle-t-on après cela la honte de l'univers et les ennemis de tout progrès ?

A côté des savants qui nous rendraient volontiers responsables des réquisitions faites par Jules César dans leurs pays, se placent d'eux-mêmes les barons prussiens ou bavarois qui ne peuvent nous pardonner d'avoir proclamé avant tout le monde en Europe le grand principe de l'égalité civile et spécialement l'égalité de tous devant l'impôt. Il n'y a pas dix ans encore que la noblesse prussienne, quoique propriétaire chez elle de presque tout le sol, paie la contribution foncière, tardive et douloureuse conséquence de cette mémorable renonciation de la nuit du 4 août 1789 qui, dans les annales de la Prusse et surtout de sa Chambre haute, n'a été remplacée que par des doléances les plus comiques du monde. Contribuer de sa bourse aux frais généraux de l'État, quand ce même État, avant qu'il fût question de démocratie, s'était toujours contenté du superflu mâle de la famille ! Il y avait là de la part

(1) Dans l'intérêt de la morale publique et éternelle, d'honnêtes historiens français, tels que M. d'Haussonville, M. Henri Martin, M. Dareste, M. Sismondi (oh ! je sais qu'il n'est pas né en France!) ont témoigné hautement de leur indignation contre la plupart des procédés diplomatiques ou militaires employés jadis en matière d'annexions territoriales, sans jamais permettre qu'un faux patriotisme imposât silence à leur conscience. Sait-on le fruit que recueille la France de ce parti-pris de loyauté quand même ? M. de Sybel, et toute l'école historique allemande, s'empare de ces aveux et s'écrie triomphalement : « Vous n'avez pas pu prescrire, car vous avouez vous-même n'avoir pas de juste titre. On ne prescrit pas quand on n'a pas de juste titre. » Et la Silésie ! Et le Hanovre ! — Toute discussion sérieuse est impossible avec une pareille dialectique, aussi paperassière que puérile.

de la France un crime impardonnable. Pour un peu on eût déclaré traîtres à la noblesse les Montmorency, les Rohan, les Noailles. Au point de vue du parti de la Croix (qu'on ne s'imagine pas au moins que cette croix soit le symbole de la réconciliation et de la fraternité universelle, ce n'est qu'une décoration) M. de Moltke ne fait que prendre la revanche du duc de Brunswick, qui n'avait pas réussi à écraser le monstre naissant. Au fond on n'en veut pas autant à la France qu'on affecte de le dire; l'ennemi véritable, celui contre lequel tous les hobereaux de Poméranie et de Silésie ont entrepris la sainte croisade à cheval ou en calèche, celui qu'on voudrait absolument noyer dans le sang, mais qui par malheur semble tout à fait insubmersible, même de cette façon, c'est la Révolution française. La réorganisation de l'armée prussienne à l'origine n'avait pas d'autre raison d'être. Si le frère du roi Guillaume n'avait pas été obligé de saluer en 1848 les martyrs de la démagogie berlinoise, si le roi Guillaume lui-même n'avait pas senti la nécessité de quitter Berlin pour visiter l'Angleterre, il est probable que la Prusse n'eût pas pris successivement pour devise « *Dreyse mit uns*, » puis « *Krupp mit uns*, » et que la France n'eût pas eu tant à souffrir de cet excès de force militaire lentement accumulé contre ses principes politiques (1).

Une dernière cause, plus latente peut-être, parce qu'elle reste inavouée, mais qui a eu beaucoup plus d'importance qu'on ne le croit, ce sont les déplorables et continuels abus de la plaisanterie française. Les Prussiens ont pu inventer d'admirables instruments de destruction, néanmoins l'ère de la bonne plaisanterie ne semble pas encore arrivée pour eux : à Berlin, sous

(1) Les comtes de Schoenburg ont déjà réclamé, de par leurs parchemins, siége et voix délibérative à la Diète. — Tout porte à croire qu'il y aura encore de beaux jours pour la féodalité allemande.

ce rapport, on en est toujours à l'âge de plomb. La plume comme le crayon, le crayon surtout, malgré les grandes prétentions artistiques de l'Allemagne, ne laissent tomber que des facéties tout à fait à la Krüpp, et le moindre trait à l'encre ou à la mine de plomb y a la lourdeur d'un projectile véritable. En réalité les Allemands ne nous pardonneront jamais de nous être moqués de leur ancienne Diète beaucoup plus spirituellement qu'eux-mêmes, quoiqu'après tout il n'y eût guère de machiavélisme de notre part à attirer aussi visiblement leur attention sur l'insuffisance de leur unité politique et l'excessive complication de leur organisation fédérale. Mais, on le sait, il y a quelque chose de plus irréconciliable encore et de plus déraisonnable même que M. Raspail : c'est l'amour-propre offensé de quelqu'un. Nous ne serions du reste que trop disposé à reconnaître ce qu'à ce point de vue il y a de légitime dans la susceptibilité allemande, si de leur côté nos voisins ne s'étaient pas fait un déplorable système de prendre sans cesse, nous ne saurions assez le redire, de simples chevaliers du paradoxe pour des hommes d'État français et des gamins de lettres pour de véritables publicistes. Je renvoie les Allemands de bonne foi à MM. Littré, Renan, Taine, Laboulaye, Nefftzer, Scherer, Dollfus, Franck, Cherbuliez, St-René Taillandier, Sainte-Beuve, Madame Sand, Madame d'Agoult, etc. (1)..

(1) Voici quelques vers de Lamartine qui auraient dû à eux seuls faire pardonner à la France bien des impertinences parisiennes.

« Vivent les nobles fils de la grave Allemagne !
Le sang-froid de leur front couvre un foyer ardent :
Chevaliers tombés rois des mains de Charlemagne,
Leurs chefs sont les Nestors des conseils d'Occident.
Leur langue a les grands plis du manteau d'une reine ;
La pensée y descend dans un vague profond ;
Leur cœur pur est semblable au puits de la sirène,
Où tout ce que l'on jette, amour, bienfait, ou haine,
Ne remonte jamais du fond ! »

Cette antipathie aussi profonde qu'absurde, il faut bien le confesser, n'en est pas moins comme le fil d'Ariane qui va nous permettre de nous orienter à travers le labyrinthe des relations franco-prussiennes après Königsgrätz. Je rappelle seulement pour mémoire que tous les griefs imaginables de la Prusse contre la France, avant cette date, se réduisaient à ceci : 1° que le gouvernement impérial, à la suite d'une lettre très-pressante de Frédéric Guillaume IV au souverain que ses courtisans ne consentaient encore à appeler que Louis Napoléon tout court, avait bien voulu admettre la Prusse à la conférence de Paris, malgré la coupable inertie du cabinet de Berlin et les injurieuses attaques que la presse féodale ne cessait de nous prodiguer pendant la guerre d'Orient ; 2° que, plus tard, également après une lettre royale qui sollicitait l'intervention française dans cette « mélancolique affaire, » ce même *ennemi héréditaire* avait réussi à éviter à la maison de Hohenzollern le ridicule d'une lutte à main armée contre le canton suisse de Neuchâtel ; 3° qu'il avait enfin, nonobstant l'insistance de l'Angleterre et ses offres d'alliance, laissé déchirer par l'Allemagne les traités de Londres relatifs à la succession danoise, traités au bas desquels se trouvait cependant aussi sa signature. Je dois ajouter que la passion des traités de commerce nous en avait fait accepter un avec le *Zollverein* où le *Zollverein* s'était fait la part du lion et ne nous avait laissé que le rôle de dupe. C'est ainsi que l'Alsace était littéralement inondée de toutes les compositions vinicoles ou pharmaceutiques qui portent le nom d'un village quelconque du Rhin ou de la Moselle, tandis que les tarifs allemands, à peu près décuples, ne permettaient pas à une bouteille de vin français de sortir d'Alsace. C'est ainsi encore que notre compagnie de l'Est transportait d'au-delà du Rhin jusqu'au Hâvre des marchandises étrangères à meilleur compte que les produits français recueillis sur son parcours. En échange nous avions eu la mobilisation prussienne en 1859, au lendemain de Magenta et de Solférino, et, certes, je dois le dire bien haut, de tous les affronts que nous a infligés depuis 1866 notre ancien obligé, aucun n'a égalé celui-là, puisque, sans aucune espèce même de mauvais prétexte, il arrêtait notre armée au milieu d'une de ses plus généreuses entreprises.

Nous saurons plus tard d'une manière précise ce que M. de Bismarck avait promis à Napoléon III pour récompense de sa complicité ou tout au moins de sa complaisance future. Ce qu'il y a d'incontestable, c'est que ce n'est pas Napoléon III qui est venu de Berlin à Biarritz, et ce qu'il y a de très-probable, c'est que le chancelier prussien ne s'était pas dérangé pour assister à une course de taureaux ou poursuivre des études de conchyliologie comparée. Quant à la démarche d'un prince de la famille impériale dont il a fait bruit en juillet dernier, mais dont il n'a pas donné la date, ce qui est fâcheux, ce n'était évidemment qu'une visite rendue. Le prince Napoléon n'a jamais fait le premier pas : M. de Bismarck le sait mieux que personne. Assurément l'entrevue de Biarritz est restée encore un demi-mystère. Mais, de même que les astronomes peuvent affirmer l'existence d'une planète d'après les perturbations produites sur les astres ambiants par sa masse, de même il faut admettre, sans chance appréciable d'erreur, que cette entrevue n'a pu être que le pendant de la fameuse conversation entre l'ex-Empereur et M. de Cavour, d'où est sorti le royaume de Victor-Emmanuel. Sans une hypothèse de ce genre il serait en effet complétement impossible d'expliquer la politique européenne pendant ces quatre ou cinq dernières années. Quelle compensation fut alors promise en échange du blanc-seing donné par le tout puissant biographe de

Jules César ? Beaucoup de raisons portent à croire qu'il s'agissait simplement de la ligne de la Sarre et d'une partie de son bassin houiller que le premier ministre du roi Guillaume s'engageait à rétrocéder en dédommagement du trouble éventuel apporté par la Prusse à l'équilibre européen (1). Dans cet échange de vues et de promesses il y avait de la part du souverain français, qui n'avait appris de César que l'art de passer le Rubicon, mais non pas celui de franchir la Sarre, une preuve de grande ingénuité. N'oubliait-il pas par trop en effet que le roi Guillaume avait proclamé en se couronnant lui-même que jamais il ne consentirait à aliéner un pouce du territoire germanique, ce qui après tout était bien son droit ? On sait comment M. de Bismarck, aujourd'hui si rigide sur les engagements d'honneur, tint sa promesse envers la France. Il est vrai qu'il n'y avait rien d'écrit, rien de signé surtout : *scripta manent, verba volant*. Il est vrai de plus qu'on avait accepté de lui ce qu'il n'avait aucune qualité pour offrir : mais c'était justement là le joli de la prestidigitation diplomatique exécutée par le Machiavel prussien. Il avait joué avec succès le rôle de tentateur, et allumé les convoitises du nouvel Auguste en lui faisant entrevoir à travers les vapeurs blanchâtres de sa cigarette la terre promise, la gare de Saarbrück et peut-être jusqu'au clocher de Landau. Pour l'avenir, il avait une carte maîtresse dans sa partie contre la France, puisqu'il s'était assuré les moyens de la surprendre quand il voudrait en flagrant délit d'ambition : pour le présent, il venait d'obtenir de Napoléon III cette singulière déclaration au sujet des frontières mal dessinées de la monarchie prussienne et de son hégémonie nécessaire.

(1) M. d'Haussonville a publié dans la *Revue des Deux Mondes*, puis plus tard en brochure, une esquisse fort piquante et plus que vraisemblable de la scène.

On ne peut s'empêcher cependant de se demander, si peu qu'on se sente de goût d'ailleurs pour ces trafics de territoires, jusqu'à quel point la répugnance patriotique de la Prusse était justifiée en une si misérable affaire, et si la cession insignifiante de deux ou trois cercles habités peut-être par une centaine de mille âmes, n'eût pas prévenu d'une manière singulièrement opportune le conflit d'amour-propre qui allait s'engager et qui devait coûter la vie à quelque chose comme un demi million d'hommes. Que les mères et les femmes des Allemands tombés en France sur tant de champs de bataille me répondent du fond de leur conscience !

Mais M. de Bismarck, depuis le jour où le patient et silencieux comte de Moltke avait pu lui affirmer que le droit canon serait désormais du côté de la Prusse dans toutes les questions internationales, M. de Bismarck ne se sentait plus le moindre désir de tenir ses anciens engagements et d'offrir un gâteau quelconque, en signe de bonne amitié et de consolation anodine, à la France ou plus exactement au gouvernement français complètement mystifié par lui. Du moment où tout vous prouve qu'on est le plus fort, à quoi bon tenir une promesse qui n'est pas même écrite ? N'était-il pas bien plus voltairien de rejeter sur l'autre partie contractante le tort de son ambition doublé du ridicule de sa déconvenue ? Loin d'atténuer l'effervescence des passions, ce devait être le rôle et l'orgueil de M. de Bismarck d'en attiser encore la violence, car, il l'avait dit lui-même, il lui fallait une guerre avec la France, il la lui fallait absolument pour *mastiquer* ensemble les Allemands (1). On se rappelle sans doute cette insulte si gratuitement infligée à M. Benedetti au lendemain même des préliminaires de Nikolsburg. M. von der Pfordten venait de signer la paix au nom de la Bavière avec le ministre

(1) Um sie alle zusammen zu kitten.

prussien, paix encore inconnue, bien entendu. Sur le conseil de M. de Bismarck, le chef du ministère bavarois se fait ramener quelques heures après au camp par M. Benedetti, feignant de n'avoir pas pu même obtenir une audience du vainqueur irrité. Et naturellement l'ambassadeur français de se montrer tout fier de sa haute influence personnelle, et les Allemands, non moins naturellement, de rire entre eux. L'anecdote a été racontée maintes fois, et n'a jamais été démentie jusqu'à présent, que je sache. Qu'était-ce au reste que cette agréable facétie de diplomate à diplomate, qui après tout n'intéresse que l'honneur de la diplomatie elle-même, si on la compare à la révélation subite de la partie secrète de ces mêmes conventions ? Comment? Les traités de Vienne sont déchirés à main armée, une modification essentielle de l'équilibre européen est tacitement consentie par celle même des grandes puissances à laquelle le soin de sa propre sécurité commandait le plus impérieusement de le maintenir intact, et voici qu'au bout de quelques mois la plus faible de ces mêmes grandes puissances, celle qui précisément par une atteinte violente portée au droit public venait de conquérir une prépondérance inattendue sur les autres, quoiqu'auparavant elle n'eût rang parmi elles qu'à la condition de se maintenir constamment sur la pointe des pieds, voici, dis-je, que la Prusse proclame avec un air de défi, qui n'avait certes rien d'équivoque, qu'en récompense de l'amicale et bénévole connivence de la France, elle a mis en cachette son fusil à aiguille sur la gorge de l'Allemagne méridionale et l'a obligée à signer avec sa dynastie un contrat à perpétuité de louage d'ouvrage militaire, annulant ainsi d'un seul coup cette liberté absolue qu'à la face de l'Autriche et de l'Europe entière elle avait garantie à ces petits peuples de se grouper au mieux de leurs intérêts politiques et religieux ! Et il n'y aurait pas eu là de *casus belli* véritable ! De quelle manière cependant la nation à qui cette provocation ironique était jetée y répondit-elle ? Par cette célèbre circulaire de M. de La Valette, où le système des grandes nationalités, disons-le quand même, la seule et vraie politique de la France, était proclamé et longuement défendu. De deux choses l'une cependant : ou bien la France était en état, à ce moment, de faire la guerre, et, ne l'ayant pas faite, on doit lui en savoir quelque gré ; ou bien elle était incapable de l'entreprendre et, dans ce cas, pourquoi M. de Bismarck, assez fort assurément pour franchir le Mein, puisqu'aussi bien il était arrivé au Danube, n'avait-il pas achevé l'unité allemande ? J'ai déjà dit plus haut que cette seconde hypothèse était de beaucoup la plus vraisemblable. La Prusse songeait infiniment plus à elle qu'aux vœux unitaires des Allemands. Au lieu d'unir, elle annexa. Est-ce sur la France, je le demande encore, que doit raisonnablement retomber ce nouveau délai qu'il convenait au cabinet de Berlin de faire subir à la concentration des forces germaniques ?

Furent-ils au moins exécutés loyalement en ce qui nous concernait sur d'autres points, ces préliminaires d'une paix qui mettait fin au second acte du grand drame militaire que la Prusse se proposait de jouer en Europe ? Les articles relatifs à l'indépendance d'une partie du Slesvig et à la région restée libre du grand-duché de Hesse furent toujours regardés à Berlin absolument comme non-avenus. *Quia nominor leo.* Cependant les deux conventions internationales qui réglaient la succession au trône danois étaient approuvées par la France exactement au même titre que par la Prusse, et, si M. Benedetti par sa présence à Nikolsburg avait paru accepter au nom de son gouvernement une dérogation aussi importante aux traités de Londres, il s'en suivait qu'alors la Prusse était obligée envers la France à faire voter conformément à sa promesse les populations septentrionales du duché, dont les députés n'ont jamais cessé de protester, même à l'heure qu'il est. Ne tenir compte ni de ce qui avait été convenu à Londres avec nous ni de ce qui avait été concédé à Nikolsburg devant nous, c'était se moquer deux fois de notre humeur débonnaire. La France, ce me semble, avait été également habituée depuis les traités de Vienne à voir les deux principaux représentants de la Confédération germanique exercer conjointement le droit synallagmatique de garnison à Mayence, ce qui en faisait une place à peu près uniquement défensive, vu l'invraisemblance d'une attaque simultanée de la Prusse et de l'Autriche contre l'Alsace et la Lorraine. Ajoutons que Mayence, possession hessoise, n'appartenait pas même à la Confédération prussienne récemment organisée. Mais, bien que quelques journaux de Paris eussent signalé cette menace nouvelle, jamais la question de Mayence illégalement détenue par la Prusse seule ne fut mise sur le tapis par le gouvernement. Cependant, le cabinet prussien, qui s'était engagé envers l'Europe à ne pas franchir le Mein, avait encore passé le Rhin d'une autre façon, toujours au détriment de la Hesse grand-ducale, en lui enlevant tout le landgraviat de Hesse-Hombourg, dont la branche de Darmstadt venait à peine d'hériter et dont une enclave touchait presque à notre frontière. Mais chez nous on feignait, en haut lieu, de ne s'apercevoir de rien.

On put voir de même, dans l'affaire si misérable du Luxembourg, quel prix la France avait à attendre de Berlin pour ses plaidoyers en faveur de la rectification des frontières prussiennes. L'indépendance du cœur est évidemment la vertu favorite de M. de Bismarck, et rien ne saurait le désobliger autant qu'un remerciement quelconque pour des services acceptés ou attendus. Il ne songe qu'à étonner la postérité et qu'à imposer la grandeur de son nom à l'histoire, comme si la postérité et l'histoire ne devaient pas être trop démocratiques, pour ne pas lui faire rencontrer l'expiation là où précisément il compte sur l'adulation de la sottise humaine ! Certes il n'eût tenu en 1866 qu'au cabinet de Berlin d'incorporer le Luxembourg dans la nouvelle Confédération allemande, revue et considérablement diminuée, s'il ne fût entré très-probablement dans les calculs de la diplomatie berlinoise d'avoir toujours sous la main une pomme de discorde à jeter à la France en temps opportun, quelque chose d'analogue à ce *condominium* des deux duchés de l'Elbe, grâce auquel on avait réussi à se faire déclarer la guerre par l'Autriche et à gagner bien malgré soi la bataille de Königsgrätz. Outre que le roi de Hollande, selon toute vraisemblance, n'eût pas mieux demandé que de continuer ses anciennes relations grand-ducales avec la nouvelle Diète germanique, il est certain qu'en somme il eût préféré le pis-aller de n'en pas sortir au risque de subir le sort du roi de Hanovre et du duc de Nassau dont la gallophobie, bien constatée en 1859, n'avait cependant pas arraché en 1866 le duché aux serres de l'aigle prussien. N'eût-il pas suffi d'un simple entrefilet comminatoire de M. de Bismarck pour forcer dans tous les cas son indécision ? Mais, puisque le grand-duché de Luxembourg avait été jugé indigne d'entrer de nouveau dans le sein de l'Allemagne expurgée, de quel droit empêchait-on la France d'entamer avec le roi de Hollande des pourparlers au sujet de son annexion ? J'invite tous ceux de mes compatriotes qui savent quelques mots d'allemand à lire dans les journaux de Berlin la séance de la Chambre des députés où M. de Bismarck rendit compte de la manière dont M. de Perponcher, agent prussien à La Haye, avait eu connaissance des négociations engagées. Je défie surtout un Allemand de retrouver dans n'importe quelle délibération d'une Assemblée française une pareille débauche d'ironie provocatrice et d'hilarité injurieuse. Le roi Guillaume, il est vrai, finit par céder, quant à l'occupation du Luxembourg. Il ne céda toutefois que de fort mauvaise grâce, devant le verdict unanime des grandes puissances, ce qui diminue singulièrement le mérite de la demi-concession faite, surtout quand on sait que la Prusse n'a poursuivi sa dernière guerre qu'avec l'alliance assurée de la Russie en cas de besoin. Il fallait attendre une occasion plus propice. Dès que M. Rouher et Napoléon III dévoilèrent le malencontreux projet de faire administrer un chemin de fer belge par une compagnie française, tout de suite se redressa devant eux le même fantôme, déjà trop connu hélas ! de la malveillance prussienne. Personne moins que nous en France n'a souhaité l'annexion de la Belgique, ni même une annexion quelconque, car, à notre sens, la vraie grandeur d'un pays se mesure à l'élévation de son idéal et nullement à l'extension de son territoire : mais enfin la Prusse, après ses récentes et audacieuses conquêtes, offensait à la fois le point d'honneur et surtout le sens moral de la France, en s'opposant à ce qu'une de ses compagnies de chemin de fer acceptât l'exploitation d'une voie ferrée étrangère. Notre compagnie du Nord ne possédait-elle pas un réseau complémentaire sur le territoire belge, notamment la ligne de Charleroi à Erquelines ? Notre ministre des travaux publics n'avait-il pas autorisé depuis longtemps les trains prussiens et badois à faire sans réciprocité ordinaire le service des gares de Forbach et de Strasbourg ? N'étaient-ce pas des locomotives allemandes qui déposaient des Français à la porte d'Austerlitz et sifflaient en passant devant le monument funéraire de Desaix ? Offerte à Napoléon III en 1867, « comme sur un plateau, » le mot est historique, la Belgique en 1868 devait trouver le plus imprévu des défenseurs dans ce même M. de Bismarck qui ne s'en était servi, dans son infatigable vigilance pour le bien d'autrui, que comme d'un piége où, aux yeux de l'Allemagne et surtout de l'Angleterre, il espérait bien prendre la France en flagrant délit de visées ambitieuses et coupables. La fameuse dénonciation publiée par le *Times* au mois de juillet dernier n'a que trop prouvé combien cette loyale intention était réelle. Par bonheur, le cabinet des Tuileries s'arrêta à temps dans cette voie dangereuse, ce qui ne lui fut pas bien difficile, car sans doute le génie d'agacerie et de séduction diplomatiques que l'on sait à M. de Bismarck avait bien au moins un peu amené M. Benedetti à tracer de sa plume ce déplorable projet d'alliance offensive dont on a par trop abusé. Une fois ce « petit papier » entre les mains, que ne pouvait oser le cabinet de Berlin en Europe? Il avait tout osé. La conscience de sa force n'avait-elle pas depuis longtemps étouffé la délicatesse de sa conscience?

Mais il avait trop compté sur l'impatience française. Si fiers qu'on nous connût, on ne nous savait peut-être pas capables à ce point de modération. Oui, vraiment, il a dû y avoir un moment de véritable embarras chez M. de Bismarck au spectacle de cette longanimité gauloise et railleuse que rien ne pouvait émouvoir, et qui se contentait de faire par avance à son vainqueur une popularité du même genre qu'à Marlborough, cet illustre capitaine que nous avons puni de ses grands succès militaires par l'éternité d'un ridicule sans motif. La plus perfide revanche, ou vengeance, puisque les Allemands tiennent absolument au mot, que l'on se fit un plaisir de prendre chez nous à propos de Königsgrätz consistait à décerner quelquefois aux animaux les plus familiers qui hantent le foyer domestique le nom de l'illustre diplomate, cause première de ce triomphe. Mais n'était-ce pas aller au devant de son désir le plus cher et de son dilettantisme favori que d'étendre sa gloire au delà même du genre humain? Les gens sérieux pensaient tous, ou peu s'en faut, que le temps est un remède souverain contre les blessures d'amour-propre et les vaines susceptibilités, et, que, puisqu'à force de prudence nous avions échappé presque miraculeusement à une guerre contre l'Angleterre, à force de patience nous échapperions aussi à une guerre contre l'Allemagne. Et puis, c'était bien une petite consolation pour les hommes d'esprit de voir M. de Bismarck en rester pour ses frais d'imagination et d'encre diplomatique. Le cerf couru avec tant d'ardeur ne voulait décidément se faire prendre nulle part. Il devinait toutes les embûches et se dérobait aussitôt. C'était pitié de voir toute la féodalité poméranienne prête à sonner l'hallali, et rentrant chaque soir sans la moindre chance de curée. Vainement M. de Moltke venait avec l'essaim complet de ses aides de camp remplir en Lorraine ses cartons de ces études préparatoires qui sont la condition première des grandes œuvres d'art. Vainement M. de Blumenthal invitait à Norfolk un grand personnage anglais à la prochaine revue des troupes prussiennes au Champ de Mars. L'effet attendu était toujours manqué. Le gouvernement français fit même plus : il proposa encore de désarmer, car on ne pouvait se lasser de ces propositions devenues presque ridicules, si honorable qu'en fût l'intention. Dès l'arrivée au pouvoir de MM. Ollivier et Daru, la demande fut adressée par voie anglaise de Paris à Berlin, et de la manière la moins équivoque. Le refus ne fut pas moins catégorique. La possibilité de mobiliser en une dizaine de jours ne permettait-elle pas à la Prusse de se proclamer toujours la plus désarmée des puissances continentales ? C'était à la France à déposer d'abord sa terrible artillerie et à congédier son innombrable armée, puisqu'elle seule possédait l'une et l'autre. Le ministère des « honnêtes gens » ne répondit à cette fin de non-recevoir qu'en réduisant quand même de dix mille hommes le futur contingent. La récompense habituelle ne tarda pas à suivre. M. de Bismarck fit savoir à la Suisse qu'il était enfin disposé à lui accorder la subvention depuis si longtemps attendue à Berne pour le chemin de fer du Saint Gothard. On ne comprend pas très bien, à vrai dire, quel intérêt la Poméranie ou la Silésie, par exemple, ont à cette construction si lointaine qui ne leur ouvre aucun débouché commercial nouveau, puisque leurs produits peuvent depuis des années franchir les Alpes par la voie de Sommering, tandis que les pays du Rhin et du sud ont la voie du Brenner pour expédier leurs marchandises soit à Gênes soit à Brindisi. « Mais, » disait le Chancelier en entraînant au vote son Parlement fidèle, « il importe que la Prusse ait toujours sa bonne main de fer tendue par dessus les Alpes à l'Italie. » A propos de ces paroles assez inquiétantes en vérité, une interpellation est annoncée au Palais Bourbon par un maître de forges et remise aussi innocemment qu'inconsidérément à huitaine. Pendant la semaine, c'est-à-dire pendant que M. Emile Ollivier et ses collègues couraient de couloir en couloir pour jeter ce mot d'ordre à leurs amis : « surtout pas de discussion politique, » non seulement la Prusse signait elle-même le traité qui traînait en longueur depuis un temps indéfini, mais encore elle le faisait signer à Florence. L'interpellation arrive : loin d'être un orage, ce n'est plus même un nuage. C'est à peine s'il y est question des intérêts lésés de l'industrie française. « Subventionnons de notre côté le chemin du Simplon, » crient les plus fougueux. Que n'eût-on pas dit cependant à Berlin de la France contribuant de sa bourse à un chemin de fer stratégique à travers la Forêt Noire, ou tendant sa main d'argile par dessus la neutralité helvétique au Würtemberg et à la Bavière, où les dernières élections avaient si nettement tourné contre le militarisme prussien ? Quoi d'étonnant à cela d'ailleurs ? M. de Bismarck ne venait-il pas de proposer aux représentants de l'Allemagne prussifiée jusqu'à onze impôts nouveaux, lourde carte à payer pour des bienfaits bien problématiques ? Le thaler prussien, de 3 fr. 75, valeur à peu près invariable des temps antébismarkiens, était tombé à 3 francs 40 et plus bas encore. Il avait même fallu menacer d'une exécution fédérale l'une des petites principautés de Schwarzburg dont les députés avaient courageusement refusé d'acquitter les contributions exigées. Le ministre en était arrivé, financièrement parlant, je ne suis ici que l'écho de la presse méridionale, à ce point où les plus honnêtes gens du monde commencent à songer à la poche de leurs voisins pour acquitter des dettes écrasantes et toujours croissantes. Il n'était plus le maître de s'arrêter sur la pente des provocations. Que ce fût la Bavière ou la France, il fallait bien que l'une ou l'autre finît par payer le déficit de son budget militaire.

C'est alors qu'arriva précisément la catastrophe, ou, pour prendre une image plus conforme aux mœurs du romantisme prussien, que se présenta sur la grand'route, non loin du donjon des *Hauts Droits* (1), le malheureux et naïf passant guetté depuis si longtemps, et qui, pour son malheur, avait changé ce jour là son insouciance habituelle contre une mine fort irritée : disons le mot, il avait la moustache en croc et presque des airs de don Quichotte. Certes la candidature du prince de Hohenzollern au trône d'Espagne n'était qu'un piége vague, tendu sans grand espoir peut-être d'un résultat utile, plus insignifiant en apparence qu'une foule d'autres, connus ou inconnus, car nous sommes bien loin de savoir le fond du portefeuille de la diplomatie berlinoise. Mais le hasard fait souvent des miracles :

(1) *Hohen Zollern* en allemand.

on l'a vu cette fois. L'étincelle certes vint de la France, mais on ne saurait nier que le baril de poudre n'eût été apporté et disposé par la Prusse. Je le demande, si la France eût inventé ou encouragé la candidature du prince Napoléon, par exemple, au trône d'Espagne, l'Allemagne entière eût-elle manqué de s'écrier qu'elle ne tolèrerait pas cette imitation insolente du règne de Louis XIV ? N'avions-nous pas un droit égal à protester contre cette résurrection nominale, tant qu'on voudra, mais en réalité dommageable et périlleuse pour nous, de l'Empire de Charles-Quint? Le prince Charles, frère du prince Léopold, n'avait-il pas aussitôt après son arrivée en Roumanie fait venir de Berlin des ingénieurs, des officiers, des armes, des munitions, et transformé sa nouvelle patrie en un véritable arsenal prussien ? Nous devions nous attendre à ce qu'il en fût bientôt de même à Madrid, et en cas de guerre future nous eussions été obligés de faire garder la chaîne des Pyrénées par une centaine de mille hommes. Aussi le cabinet prussien avait-il été prévenu sans retard, dès qu'il fut question de cette intrigue, de l'opposition énergique qu'y ferait le gouvernement français. M. de Bismarck et M. de Thile, son élève favori, avaient eu la bonté de sourire des vaines et trop chaudes alarmes de l'ambassadeur français, beaucoup trop prompt, suivant eux, à s'émouvoir d'un bruit en l'air. On prétend même au quai d'Orsay que M. de Thile avait engagé sa parole d'honneur (1). Quoiqu'il en soit, le prince Léopold,

(1) On ne saurait trop reproduire ce début de la dépêche de M. Benedetti en date de Berlin 31 Mars 1869.

« Monsieur le Marquis,

Votre Excellence m'a invité hier par télégraphe, à m'assurer si la candidature du prince de Hohenzollern au trône d'Espagne avait un caractère sérieux. J'ai eu ce matin l'occasion de voir M. de Thile, et j'ai cru pouvoir lui demander si je devais attacher quelque importance aux bruits qui avaient circulé à ce sujet. Je

qui, à ce qu'il paraît, réunissait toutes les garanties intellectuelles recherchées par le maréchal Prim, — de colonel à *la suite* il serait devenu roi *à la suite*, — fut désigné par lui aux suffrages dociles des Cortès. Malheureusement, le plébiscite, car cette petite torpille diplomatique devait nous surprendre en plein désarroi républicain, le plébiscite, dis-je, était survenu, et la dynastie napoléonienne, qui était sauvée, se crut perdue au contraire, si elle ne faisait pas la guerre. Pour surcroît de malheur, le temps pressait, car il importait infiniment à la France que l'intrigue de la Prusse ne reçût aucune sanction de la Chambre espagnole. On comprend aussi qu'après les précédents de la diplomatie prussienne et l'expérience trop de fois faite de la fragilité de ses promesses, il nous était permis de demander quelque précision dans les garanties et de nous montrer tant soit peu défiants. Cette défiance était tout particulièrement justifiée ici par cette circonstance que l'on avait d'abord à Ems fait retirer l'autorisation par le prince de Hohenzollern, père du candidat (1), au lieu de la

ne lui ai pas caché que je tenais à être exactement informé, en lui faisant remarquer qu'une pareille éventualité intéressait trop directement le gouvernement de l'empereur pour qu'il ne fût pas de mon devoir d'en signaler les dangers dans le cas où il existerait des raisons de croire qu'elle peut se réaliser. J'ai dit à mon interlocuteur que mon intention était de vous faire part de notre entretien.

M. de Thile m'a donné l'assurance la plus formelle qu'il n'a, à aucun moment, eu connaissance d'une indication quelconque pouvant autoriser une semblable conjecture, et que le ministre d'Espagne à Vienne, pendant le séjour qu'il a fait à Berlin, n'y aurait pas même fait allusion. Le sous-secrétaire d'Etat en s'exprimant ainsi, et sans que rien dans ce que je lui disais fût de nature à provoquer une pareille manifestation, a cru devoir engager sa parole d'honneur. »

(1) On a même raconté au mois de juillet que le prince Karl de Roumanie, frère du prince Léopold, s'était échappé pour aller prendre possession de son trône malgré toutes les interdictions paternelles. Un prince allemand endetté ne recule devant rien pour faire le bonheur d'un peuple.

faire retirer par le roi Guillaume qui l'avait accordée et qui, étant le seul chef de la famille, avait exclusivement le droit de l'accorder et de la reprendre. Lorsque plus tard il la retira à son tour, contrairement à l'affirmation de M. de Gramont, mais conformément à l'attestation de M. Benedetti, il ne le fit que pour le *présent* seulement, mais sans engagement aucun pour *l'avenir*. N'était-il donc pas assez naturel de croire qu'on ne voulait peut-être à Berlin que gagner du temps et placer la France dans l'embarrassante alternative de se laisser jouer une fois de plus ou de paraître contrarier les vœux monarchiques d'une nation amie ? (1) Aussi l'épée fut-elle tirée avant que les gens sensés eussent eu le temps d'intervenir. Mais, après ce rapide et sincère résumé des faits les plus connus, qu'on réponde la main sur la conscience : sans les procédés habituels à la Prusse, eût-il été possible au gouvernement impérial de précipiter bon gré mal gré la France dans une pareille lutte? Qu'on ne s'imagine donc plus, sur la foi des sophistes gagés par la Prusse avec l'or du roi de Hanovre, que la nation française, toute responsable qu'elle reste de ses ministres, n'a pas droit à cette excuse morale qui s'appelle, sinon le droit de légitime défense, du moins le droit de légitimer essentiment, et qui appartient aussi bien aux peuples qu'aux individus.

On se méprendrait gravement si l'on voulait voir dans cet aperçu à vol d'oiseau un sentiment d'animosité belliqueuse et le désir d'un nouveau conflit. L'a-

(1) On lira avec le plus grand profit sur ce point essentiel la traduction française d'un vif et judicieux discours sur les *Véritables causes de la guerre*, signé Augustus Granville Stapleton, et qui montre bien que l'Angleterre, malgré la campagne scandaleuse du *Times*, a retrouvé son ancien tact de la vérité, — depuis surtout qu'elle a vu la Russie à l'œuvre avec la Prusse.

mertume, ah ! peut-être nous n'avons pas su assez nous en défendre ; mais qu'est notre triste doléance auprès de ce *vœ victis* farouche et inhumain poussé par le chœur unanime (1) des gazettes allemandes s'acharnant à calomnier un ennemi vaincu et cherchant à prouver au monde, pour se justifier sans doute, qu'il ne reste pas en France un honnête homme ! Bien loin de songer à déchaîner plus tard encore les mauvaises passions de deux grands peuples, qui seront toujours peu de chose l'un sans l'autre, car l'un manque de sérieux et l'autre de générosité, nous aurions eu plutôt le courage de chercher à les rapprocher, si une telle entreprise n'était pas actuellement une folie. Nous aurions rappelé à la France qu'au-delà de l'Atlantique elle peut trouver aisément de quoi récupérer au cen-

(1) Il me serait impossible de signaler ici tout ce qui a pu se dire en Allemagne d'honorable pour elle-même et de clément pour la France vaincue, à propos de la revendication de l'Alsace et de la Lorraine. Les sources d'information m'ont trop manqué pendant la plus grande partie de la guerre. Je suis néanmoins très heureux de signaler dès à présent une assemblée populaire à Würzbourg et un article d'un journal de Nürnberg où s'est manifestée la plus vive opposition contre la prolongation injustifiable d'une guerre dite de défense nationale, devenue une guerre de conquête. Il n'est que juste en outre de rappeler que la Prusse a maintenu l'état de siége chez elle même jusqu'au-delà de l'armistice, ce qui naturellement n'a laissé aux orateurs populaires et aux journalistes de bonne foi et de grand courage qu'une liberté bien limitée. La parole était tout entière aux amis politiques de MM. de Treitschke et Cie. Aussi n'est-ce que par des huées qu'on a répondu à Bebel, député socialiste du royaume de Saxe, proclamant cette future banalité historique : « La déclaration de guerre est venue à la vérité de Napoléon et a été fort brutale, mais la politique de notre gouvernement en est la cause et en porte toute la responsabilité. » Il est vraiment bien fâcheux pour un peuple aussi éclairé et aussi sage que l'est ou l'était le peuple allemand qu'on soit obligé de rechercher ainsi chez un ami politique du général Bergeret et du citoyen Gambon le verdict du bon sens à propos de cette guerre si désastreuse pour les plus hauts intérêts de l'humanité.

tuple ses pertes sur le Rhin, qu'il y a eu jadis une Amérique française, que des continents entiers restent accessibles à son activité et à son ancienne passion pour les aventures maritimes, que la mer ouvre des perspectives infinies de richesse et de puissance, qu'enfin la plus souhaitable revanche qu'un peuple puisse prendre sur un autre, c'est d'imposer à sa jalousie méchante le spectacle d'une prospérité matérielle accrue et la supériorité morale d'idées sensiblement plus nobles. Mais, nous l'avons dit en commençant, notre seul but en écrivant ces pages a été de rétablir, dans la pleine lumière des faits, la véritable conduite de la France en Europe depuis l'ère néfaste des conquêtes napoléoniennes, et de plaider pour elle, plus encore que des circonstances atténuantes, la provocation permanente et directe de son adversaire. Une image familière fera bien comprendre, je l'espère, la part de responsabilité qu'il convient d'attribuer à chacune des deux nations. La France, j'y consens, a jeté tout à coup un seau d'eau dans un verre qui depuis longtemps semblait déjà beaucoup trop plein aux sincères amis de la paix. Mais la Prusse a de sang froid et pendant des années versé sans relâche une goutte d'eau de plus dans ce verre, avec l'intention bien arrêtée de le remplir et l'habileté de ne jamais le faire déborder. L'histoire jugera si le tort d'avoir fini par se fâcher n'est pas moindre de beaucoup que le tort d'avoir voulu qu'on se fâchât. Elle jugera également qui a le plus fait pour transformer une question d'amour-propre militaire, qui n'eût dû avoir pour conséquence qu'une simple partie d'échecs entre deux ministres de la guerre, en une fatale et interminable querelle de race. L'unique grief dont j'aie cherché à disculper mon malheureux pays, non pas seulement aux yeux des neutres, mais aussi hélas ! presque à ses propres yeux, c'est celui d'avoir causé depuis plus d'un demi-siècle un préjudice quelconque à l'Allemagne, ou même au plus chétif de ses voisins. Et qu'on ne dise pas surtout, car c'est là comme le point de départ et le refuge de toutes les récriminations d'outre-Rhin, que l'envie de la France a toujours empêché l'unité de l'Allemagne. Je ne saurais trop le répéter, car c'est un point capital : en 1849 il ne tenait absolument qu'à l'Allemagne de resserrer les liens fédéraux qui l'unissaient et de refaire l'Empire allemand. Or, que ceci soit bien entendu une fois pour toutes, c'est la Prusse seule et nullement la France qui a empêché cet essai de concentration politique de devenir un fait accompli. Il n'y a que des Allemands en Europe capables de nous faire un reproche de la résolution ou plutôt de l'irrésolution de Frédéric-Guillaume IV. La couronne impériale était alors offerte aux Hohenzollern par le libre consentement d'une Assemblée composée de tout ce que les nations germaniques comptaient de plus illustre. Quelle raison mystérieuse empêcha les Hohenzollern d'accepter ce beau et rare présent? Tout simplement cette considération que la dynastie prussienne ne pouvait pas vouloir d'une couronne « sortie de l'encrier de M. Gervinus, » ou, comme on le disait plus crûment dans le langage de caserne du parti de la croix, « sur laquelle la démocratie avait craché. » Pour une dynastie piétiste n'eût-il pas cependant été préférable d'accepter cette couronne des mains d'un homme tel que M. Gervinus, le véritable saint Jean-Baptiste de l'unité allemande, et qui vient d'en mourir, au lieu de la faire ramasser par M. de Bismarck dans des marécages de sang et sous un ciel étoilé de bombes? Sur le champ la nation eût pu dire aussi : *è libertate unitas*, elle qui aujourd'hui n'a plus qu'un simple espoir : *ex unitate libertas*. N'oublions pas d'ailleurs qu'il pouvait s'agir en 1849 d'une Allemagne complète englobant l'Autriche, tandis qu'en 1871 il n'existe encore qu'une Allemagne mutilée, c'est-à-dire sans l'Autriche, ce qui signifie qu'en définitive la question germanique n'est pas le moins du monde résolue. Le reste viendra avec le temps, répondent les admirateurs de M. de Bismarck. Soit, mais après une nouvelle guerre civile, et très probablement à la condition de triompher d'une coalition européenne. N'eût-il pas été en vérité plus simple et plus humain d'accepter l'unité telle que la voulait faire le Parlement allemand en 1849 ou que la proposait l'Empereur d'Autriche en 1863? Que la Prusse cesse donc de faire jeter à la tête de la France ce reproche suranné et absurde d'avoir toujours été la pierre d'achoppement de l'unité allemande. La France en aurait eu le droit, peut-être le pouvoir: depuis 1815 et 1848 surtout, elle n'en a jamais eu la pensée. Je livre ausssi ces réflexions aux Allemands de bonne volonté qui voudraient rechercher avec quelque souci d'impartialité la vérité historique, et qui sentent bien dans le sanctuaire de leur conscience qu'avoir M. Krupp ou la justice pour soi n'est pas absolument la même chose.

FIN.

www.ingramcontent.com/pod-product-compliance
Ingram Content Group UK Ltd.
Pitfield, Milton Keynes, MK11 3LW, UK
UKHW021007200726
13857UKWH00004B/1316